D1672780

Sigrid Fuchs--Mattmüller: Glänzend weht durch mein Erinnern …
© Copyright bei Sigrid Mattmüller, Balingen 2017
© Copyright und alle Rechte dieser Ausgabe liegen bei
Zwiebelzwerg Verlag Gregor Christian Schell, Willebadessen 2017
Illustrationen & Umschlaggestaltung: Heike Laufenburg
Druck und Bindung MCP Marka, Printed in EU
Gesamtherstellung: Zwiebelzwerg Verlag
Klosterstr. 23, D-34439 Willebadessen, Tel&Fax 056461261
verlag@zwiebelzwerg.de, www.zwiebelzwerg.de

Sigrid Fuchs-Mattmüller

Glänzend weht
durch mein Erinnern …

Gedichte
illustriert von Heike Laufenburg

Zwiebelzwerg Verlag

Inhalt

Drahtseilakt Leben

AUSWANDERER

Fremd in der Fremde,
Entfremdet dem Lande, das ich verließ –
Bin ich so arm ohne Heimatland.

Es öffnen sich keine Arme für mich,
So hab ich geseufzt,
Doch dann hab ichs gewagt:

Ich öffnete selber die Arme –
Wir sanken ineinander –
Mein neues Heimatland und ich.

DAS BAND

Das bunte Band am grauen Kleide
Meines Lebens
Ist dein Lächeln
Wenn du mich ansiehst,
Mein Kind.

Das bunte Band am grauen Kleide
Meines Lebens
Ist deine Stimme,
Wenn du mit mir sprichst
Mein Kind.

Das bunte Band am grauen Kleide
Meines Lebens
Ist deine Umarmung,
Wenn du zu mir eilst
Mein Kind.

So ist mein graues Kleid
Doch reich verziert
Und ich begehre
Kein schöneres,
Mein Kind.

DREI BECHER

Drei Becher hielt mir
Das Leben bereit:
Einen Becher Armut,
Einen Becher Glück
Und einen Becher Leid.

In den Becher der Armut
Mischte das Leben mir
Tränen und Seufzer,
In den Becher des Glücks
Flossen Freudentränen –

In den Becher des Leides
Gab es mein Herzblut.
Ich trank alle drei bis zur Neige aus –
Und siehe,
Es waren alle drei für mich gut.

DIE ROSE

Aus Versehen
Hab ich sie abgebrochen.
Sie weinte und litt Not.

Ich gab sie
In ein Glas Wasser,
Hoffend,
Dass sie sich entfalte.

Aber sie welkte
Schwermutsmatt
Und starb.
Mein schlechtes Gewissen
Aber blieb.

ENGELWORT

Auf allen Wegen, an jedem Ort
Höre ich heimlich das stumme Wort
Das mir mein Engel raunte ins Ohr
Und ich mein Leben lang nicht verlor.

„Liebe" heißt dieses heilige Wort,
Das klingt mir im Herzen immer fort.
Mein Engel mahnt mich stets aufs Neue
Dass ich täglich Rosen der Liebe streue.

GEISTESFLÜGEL

Es tragen des Geistes Schwingen
Im Alltag leider nicht weit,
Sie brechen in Lebenskämpfen
Die stets nur die Fäuste gewinnen.

IM VORÜBERGEHEN

Du liebst die Blumen
Im Vorübergehen

Du bist den Bäumen zugetan
Im Vorübergehen

Du bist gutgesinnt dem Bach
Im Vorübergehen

Du herzt die Katze
Im Vorübergehen

Aber Wurzeln wachsen nicht
Im Vorübergehen.

JAHRESZEITEN

Im Lenz dem Schlund der Finsternis
Die Sonne sieggekrönt entstieg,
Das Blau erfüllt von holden Faltern –
Des Winters Bitternis, sie schwieg.

Des Sommers jubelvolles Fest
Voll Sang und glockenhellem Ton
Verklang nun sanft, es war genug,
Mit leichtem Schritt ging er davon.

Verblüht sind uns die hellen Stunden
Mit Sonnenschein und warmer Luft,
Auf rauen Flügeln naht der Herbst –
Vom Wald das graue Käuzchen ruft.

Er grämlich kam, in Fensternischen
Da ächzte schauerlich der Wind.
Den Sommer schlecht genutzt wir haben,
Er floh, und Regen trübe rinnt.

Der Winter fängt die blinden Seelen,
Stürzt sie hinein in graue Wehmut.
Die Träume die dein Herz verwirkte
Versinken in der fahlen Flut.

KALEIDOSKOP

Meereswelle die am Strande
Ohne Spur ganz leis verebbt,
Äolsharfe die vom Winde
Hin und wieder leis erweckt,

Liebe die noch heiß entbrannte
Gestern, heute schon verdarb –
Duft der süß den Raum erfüllte
Langsam wesenlos erstarb.

Welle, Töne, Liebe, Düfte
Kehrn verwandelt uns zurück.
Ihre Muster unaufhörlich
Legt Natur im Augenblick.

KENNST DU DIE TAGE?

Kennst du die Tage auch,
Die dunklen Tage wo man durch Tränenschleier sieht,
Urangst im Herzen, die nicht heilen kann,
Den wilden Schmerz, der alles in die Tiefe zieht,
Verzweiflung alles reißt in ihren Bann?

Kennst du die Tage auch,
Da Felsgesteine prasseln auf dich nieder
Und du dein täglich Brot mit Tränen würzt,
Wo aus dem Hause fliehen alle Lieder,
Die einst so feste Säule deines Himmels niederstürzt?

Kennst du die Tage auch,
An denen tränenbebend du verdammst dein falsches Handeln
Und Reue bitter deinen Abendwein vergällt,
Wenn schauerfratzig der Fehler deines Wandelns
In trüber Selbsterkenntnis dir ins Herze fällt?

Kennst du die Tage?

KONDENSSTREIFEN

Aufsteigt der schmale Silberstreif
Pfeilschnell am klaren Himmel,
Glänzend schießt er hinab zum Horizont –
Eh noch das Aug es halten kann
Ist das geahnte Flugzeug
Ins Morgenmeer des Himmels
Eingetaucht,
Die Sonne fangend.

Noch lange ist der weiße Streif
Zu sehen, aufgepufft
In leichte Wolkenwatte,
Die langsam vergeht
Im All,
Träume beschwörend.
Sehnsucht erweckend.
Melancholie hinterlassend.

LANDKIRCHE

Ein altes Kirchlein, bescheiden anzusehen,
Aus plumpen Steinen roh erbaut –
Hinein früh und spät alte Mütterlein gehen
Die bessere Tage einst geschaut.

Ihre graue Verzweiflung tragen sie hinein,
All ihre Leiden und Muttersorgen,
Und bringen dem Herrn am Kreuz ihre Pein.
Sie bitten um Kraft für heute und morgen.

NACHTZAUBER

Es flüstert die Nacht
Dir Träume ein,
Die Hoffnung erwacht
Im Sternenschein.

Rosen erglühen
Voll holdem Duft,
Wünsche erblühen
In süßer Luft.

Sterne vergolden
Des Himmels Samt,
Liebe der holden
Weisend ihr Amt.

LUFTBALLONE

Kurzlebig euer Dasein ist
Gefesselt an der festen Schnur;
Bis etwas kommt und euch zerbricht
Währt euer buntes Leben nur.

Doch manchmal reißt sich einer los,
Steigt fröhlich zur Freiheit empor,
Schwebt himmelwärts, und schwerelos
Das Ungewisse sich erkor.

Höher fliegt der heitre Gesell,
Es folgt ihm manch sehnender Blick.
Kleiner und kleiner wird er schnell
Nichts und niemand bringt ihn zurück.

Sehnsucht im gefesselten Herz,
Träumende Augen ihm folgen.
Seelen voll heimlichem Schmerz
Schwingen sich hoch zu den Wolken.

MEINE SCHWESTER

Mich binden an dich zarte Seelenbande,
Vom gleichen Fleisch und Blut sind wir gewesen.
Dich hat der Herr des Weinbergs ausgelesen,
Nun segnest du mich aus dem Schattenlande.

Ich sehe dich in mancher stillen Stunde,
Schweigend steht dein zarter Schatten neben mir.
Ich sinne wie wir lebten, wärst du noch hier:
Wir zwei vereint in schwesterlichem Bunde.

Nie hab ich dich gekannt, früh nahm Gott dich fort.
Ich habe keine Schwester auf der Erde.
Zum Himmel hoch sah ich mit leisem Schmerz

Als die Mutter mir zeigte den stillen Ort
An dem du schläfst, mit trauriger Gebärde
Und legte beide uns an ihr treues Herz.

MUTTER

Einst schlug mein Herz in deinem Schoß
Eh ich zum Licht geboren war,
Noch unbestimmt und namenlos –
Das Glück war tief und wunderbar.

Wir zwei gehörten uns noch ganz,
Dein Leib umfing mich warm und gut.
In deinen Augen stand der Glanz
Aus dem ich kam, und Liebesflut

Strömt aus deinem Herz in meines.
Du nährtest mich mit deinem Blut,
Du und ich, wir waren Eines –
Selig hab ich in dir geruht.

Ich kam aus Licht und Ewigkeit,
Doch fühlt' ich dunkel deine Last
Und deine tiefe Traurigkeit
Die heimlich du getragen hast.

Mein kleiner Körper speiste sich
Ganz aus deinem Liebeswesen,
Dein Leben – das war einzig ich,
Wir waren für uns auserlesen.

Die kleine Frucht war bald gereift,
Ich riss mich weinend von dir los –
Mich hat des Lebens Sturm gestreift –
Wie traulich war's in deinem Schoß!

NACH DER FLUCHT

Verbrenne dein Schiff
Vernichte die Spuren
Wenn du deine Insel
Gefunden hast!

Halte dein Herz an
Drehe die Zeiger
Deiner Lebensuhr
Auf Null.

Dann wage den Neubeginn –
Vielleicht kannst du bestehen.
Vielleicht.

ORGEL

Wo sind der Orgel Töne hingegangen
Die eben noch im Raum geschwebt,
Die eben noch uns in den Ohren klangen,
Die eben noch das Herz durchbebt?

Die aus der Orgel quollen gleich Gewittern,
In dunkler Flut den Raum gefüllt,
Noch eben köstlich weh die Luft durchzittern,
Noch eben süß uns eingehüllt?

In der Sekunde als sie grad geboren,
Grad noch erklangen, schon verhallt,
Im Hiersein schon verströmten, sich verloren –
Kehren niemals wieder, starben bald.

Das Schöne währet nur einen Augenblick,
Nichts im Leben lässt sich halten.
Vergehen ist alles Irdischen Geschick,
Einzig Gott wird ewig walten.

SCHATTEN II

Mach noch kein Licht,
Es stört mir die Gemeinschaft
Mit den bleichen Schatten
Die in der Dämmerung so gerne
Mich besuchen.

Den Eltern, den Freunden,
Den vielen von der Sippe mein
Will schaun ich hinterher
Und sinnen auch und träumen:
Was wäre doch, wenn, wer?

Mach noch kein Licht
Es ist so süß im Dämmern
Zu reden stumm mit allen:
Weißt du noch wie das war
An dem und jenem Tag?

Die Uhren gehn nun anders,
Nichts ist mehr wie es war.
Doch meine Träume gleiten
Ganz ohne Grenzen durch
Raum und Zeit,
Verweilend hier und da.

SCHATTENHASCHEN

In stiller Stunden Einsamkeit
Da kommen sie geflogen:
Die Schatten der Vergangenheit
Die dir einst hold gewogen.

Schattenträume sind die Täuschung
Über roher Gegenwart,
Doch auch gnadenreiche Tröstung
In der Welt, entseelt und hart.

Du findest dein entfloh'nes Glück
Im kurzen Tagtraum manches Mal,
Er lässt dich hoffnungslos zurück –
Du wachst auf zu neuer Qual.

Jag nicht den Schatten hinterher –
Sie lähmen deine Stärke
Und Herz und Hände bleiben leer,
Getan sind nicht die Werke

Die stets der neue Tag verlangt,
Und deine Stunden rinnen
Wie Wasser in den Sand, es krankt
Dein Herz beim Schattenspinnen.

Die Schatten haschen kannst du nicht,
Drum hör auf sie zu jagen –
Heb deine Augen auf zum Licht –
Du sollst die Zukunft wagen!

TANZ UMS GOLDENE KALB

Gemein zeigt der Mammon uns seine Fratze,
Habgierig, gewissenlos, ehrlos und dreist
Umkrallt er die Welt mit grausiger Tatze.
Schamlos und frech rafft man das Geld was er scheißt.
Die Welt ist verloren, weil liebeleer,
Es kennt der Bruder den Bruder nicht mehr.
Brutal tropft Geldgier aus dem Maul der Welt,
Doch töricht verblendet vom falschen Glanz
Rast immer wilder und wilder der Tanz
Ums goldene Kalb, um Macht und Sündengeld.
Menschen werden mit zu Boden gerissen –
Kaltblütig schauend zur Seite beflissen,
Tanzen die Massen darüber hinweg,
Die Gestürzten enden in Blut und Dreck.

TOTER SCHMETTERLING

Der Glanz der schönen Farben ist erloschen,
Der Auftrag deines Lebens ist erfüllt.
Ich halte dich in meiner Hand und sinne:
Und eine Welt voll Tragik sich enthüllt!

Wie kämpftest du so schwer dich aus der Puppe
Die dich gefangenhielt so lange Zeit!
Jedoch in ihr nur war dein Werden möglich,
Dann war das feinste Hochzeitskleid bereit.

Schimmernde Flügel wie Salomons Seide
Entfaltet zu köstlicher Farbenpracht,
Kraftvoll durchblutet vom Glanze des Lebens
Vom Schöpfer des Alls zur Freude erdacht.

Toter Falter, du suchtest des Lebens Süße,
Schwebend durch goldene Sommerträume.
Nur ferne erahn ich vergangene Pracht,
Erahne des Paradieses Räume.

STERNENSTAUB

Sternenstaub sind wir, Staub von
Irgendwo im All vor Milliarden Jahren
Explodierter Sterne, irgendwo
Im unermesslichen Universum
Explodiert, zufällig geformt aus
Sich zusammenfügenden Atomen.

Vorwärts flieht das expandierende
Weltall, vorwärts flieht die Zeit
Und wir mit ihr in rasender Hast,
Rechtsherum drehen
Die Zeiger der Uhr,
Immer rechtsherum.

Einmal vielleicht gibt es
Ein Chaos im All,
Einmal vielleicht gibt es
Ein einziges widerstrebendes
Atom und bringt das Universum
Zum Wenden, ein einziges Atom!

Einmal vielleicht wird
Der Zeitpfeil rückwärts zeigen,
Rückwärts wie ein
Von hinten aufgespulter Film.
Das missratene Strickzeug
Wird wieder aufgetrennt.

Beneidenswerter Herr Luther,
Nichts wusste er vom Urknall
Und der dunklen Materie,
Nichts von schwarzen Löchern
Ausgebrannter Sterne, nichts von
Ins Nichts zerstrahlenden Galaxien,

Nichts wusste Herr Luther
Vom „Big Crunch", er hatte seinen
Persönlichen ihn liebenden Gott.
Aber ich weiß was ich gar nicht
Zu wissen begehre: Ich bin nur Sternenstaub,
Staub von vor Milliarden Jahren
Explodierter Sterne.

TRÄUMEREI

Wenn nachts im Schlafe liegt die tagesmüde Welt,
Regt es sich leise in der Blumenwiese:
Aus blauen Träumen wachsen Rosenranken auf
Mit tausend roten Blüten, märchendufterfüllt
Ranken sie zum Magelonenstern hinauf,
Zehntausend Meilen hoch in Mondenschein gehüllt,
Und flinke kleine Elfen klimmen himmelauf,
Spielen mit den Englein stille Sternespiele
Und pflücken goldnen Sternenflor am Himmelszelt.
Graut der Morgen, hüpfen sie nach Elfenweise
Hurtig an den Rosenranken wieder hinab
Und schlüpfen in ihr Versteck heimlich und leise.

DAS LEBEN

Drahtseilakt ohne Netz
Nicht wiederholbar
Nur ein Versuch
Endgültig.

TRAUMFLÜGEL

Wem die Träume Flügel geben,
Kann ins Grenzenlose schweben,
Dem springen alle Schlösser auf,
Der kann im dunkelsten Verließe
veilchenblaue Himmel sehen,
Sternensträuße armvoll pflücken
Und über Regenbögen gehen!

Wem die Träume Flügel geben,
Wird Hoffnungsgrün und Liebesrot
Und Glaubensblau in seinen Teppich weben.
Dem werden goldne Sonnen strahlen
Und weiße Tauben in den Äther schwirren,
Kleine Englein bunte Kirchenfenster
In sein Herze malen.

Wem die Träume Flügel geben,
Wird immer wieder sich erheben,
Dem werden Weltenchöre jubeln,
Hört Orgeln feiern, Violinen jauchzen,
Dem werden köstlich-süße Brunnen rauschen
Und tausend Vögel lieblich für ihn singen –
Wenn seine Seele ist bereit zu lauschen.

TROST

Zum Baume werden kann nicht jede Nuss die fällt,
Doch dienen alle Dinge ihrem höhern Ziele.
Nicht jede Blüte kann zur Frucht hinreifen,
Es treibt Natur gar mannigfache Spiele.

Im Frühling träumen Apfelblüten einen rosa Traum,
Insekten trinken ihren süßen Nektar auch.
Es feiert Schönheit einen Rausch der Sinne,
Im starken Drang des Lebens atmet Gottes Hauch.

Doch muss nicht jede Blüte einen Apfel bringen,
Den zugedachten Zweck Natur sich vorbehält.
Zur guten Speise einer kleinen Maus kann dienen
Die kleine Nuss noch, die vom Strauche wurmig fällt.

Vollendung zeigt der fruchtbeladne Baum,
Vollkommenheit in sich trägt auch die Rosenblüte.
Sie muss nicht ihre Nützlichkeit beweisen,
Wenn sie nur zärtlich duftend für sich selber glühte.

Liebe – zärtlicher Schmetterling

ABENDRUHE

Das Feuer brennt schon lang nicht mehr,
Doch wärmt die Asche noch den Stein.
Sacht trägt ein warmer Abendhauch
Den Duft von tausend Rosen her.

Still steigt der Mond am Waldrand auf
Sanft von Gottes Arm getragen,
Beschenkt vom guten Sonnenlicht
Nimmt er ergeben seinen Lauf.

Die Wiese schläft im Silbertau,
Im Teiche schaukeln Sterne sich.
Ein Vogel zwitschert leis im Traum
Und Nachtwind säuselt leis und lau.

Deine warme Hand in meiner –
Mit dir zu sein, mehr will ich nicht.
Nichts stört den Frieden dieser Nacht,
Des schweren Tages Last wird kleiner.

ABENDSPAZIERGANG

Am Rand des dunklen Waldes gehen wir,
Wo sanft ein Bächlein bahnt sich durch die Blüten
Und Blumenengel stille Träume hüten.
Wir trinken satt von seinem Elixier

Und Küsse wie die sanften klaren Wasser
Uns beben lassen in dem lauen Hauch,
Wo Wohlgerüche weben um den Strauch.
Im Licht des Mondes scheint die Welt uns blasser.

Hoch über uns der Himmel ernst und dunkel
Beschirmt das tiefe Glück der Zweisamkeit.
Vom hohen Baum hört man das Schlafgemunkel

Der Vögel aus des Nestes Sicherheit –
So tief ist unser Ineinandersinken –
Wir alle Seligkeit der Liebe trinken.

ABENDSTERN

Friedlicher Abendstern
Strahlt rein,
Über das Land fern
Fällt sein Schein,
Lieblich und mild
Will er mit wunderbaren Strahlen
Ins Herz mir malen
Dein Zauberbild.

ABGEFUNDEN

Der Tag verging so grau und leer,
Ich bin allein, wie Klagemauern
Stehn meine Wände um mich her,
Einsam muss ich um dich trauern.

Am Abend trittst du bei mir ein,
Dann bist du mein geliebter Gast.
Ich fühle still dein Nahesein,
Dein stummer Trost teilt meine Last.

Du gehst aus meiner Dunkelheit,
Mich schmerzt nicht mehr mein Einsamsein –
Wir hatten unsre Sternenzeit
Und unser trautes Nahesein.

ABSCHIED II

Meine Trauer umschwebt meine Toten,
Seh sie von ferne umleuchtet von Glanz.
Zwei blaue Falter sind meine Boten,
Schick sie auf die Reise zum Sternentanz.

Selige Geister führten euch preisend
Hinweg aus der Erde schmutzigem Tal,
Mit goldenen Fackeln den Weg euch weisend –
Nicht erdwärts schaut ihr und zu meiner Qual.

ABSCHIED III

Der Schaukelstuhl bewegt sich leise
Als säßest du noch immer drin,
Doch du gingst auf die weite Reise –
Ich ringe um des Lebens Sinn.

Der Tod hat uns entzweigerissen,
Hieb Abschied mit dem scharfen Schwert.
Das Lebensband, es ward zerschlissen,
Der Freudenbecher ausgelehrt.

Noch schwebt dein leiser Duft durchs Zimmer –
Aus deinen Büchern weht dein Geist mich an.
Auf dem Regale tickt noch immer
Die Uhr – sie hält die Zeit nicht an.

O könnte ich doch einmal noch
In deine lieben Augen schauen,
Und könntest du mir einmal noch
Dein Lächeln schenken voll Vertrauen.

ÄOLSHARFE

Einer Äolsharfe gleicht meine Seele –
Stumm und unscheinbar
Hängt sie zwischen den Ästen,
Aber der Sturmwind deiner Liebe
Bringt sie zum Singen.

ALTER LIEBESBRIEF

Ich fand ihn einst in einem alten Sekretär
Beim Spielen mit den vielen kleinen Lädchen.
Er sah mich an und weckte eine Frage mir.
Die Urgroßmutter einst ihn dort verbarg,
Die viele Jahre ausruht schon im Eichensarg,
Drum wagt' ich das Vermächtnis zu ergründen.

Mit grüner Hoffnung war der alte Brief erfüllt,
Mit brennendroter Liebe einst geschrieben.
Und lag er hundert Jahre schon im Schrank,
So hat er doch sein Leuchten nicht verloren.
Vergilbt ist das Papier, doch jede Zeile quillt
Von frohen Plänen lebensvoll und hoffnungsgrün,

In jedem Worte braust das volle Leben
Als wäre jubelnd eben erst geschrieben er.
Er spricht von Herzen, die sich einst in Liebe fanden,
Aus jeder grauen Tintenzeile blühen Blumen auf. –
Es hat in hundert Jahren sich nichts geändert in der Welt,
Es ist die gleiche Liebe noch, die unser Dasein hellt,

Es strömt das gleiche Herzblut wie vor vielen Jahren
Als du und ich noch nicht geboren waren.
Und mag die Mode wechseln und der Tanz sich ändern,
Ob man mit Pferden oder mit dem Flugzeug reist –
Das Menschenherze ist sich treu geblieben
Trotz allem Wandels in der Zeit:

Es war eine Zeit, da fielen zwei Herzen sich zu,
Es kommt eine Zeit, da fallen in Liebe zwei Menschen wie heut,
Und bis zum Ende allen Menschenlebens werden Briefe
In Hoffnungsgrün und Rosenrot von Herz zu Herz geschrieben,
Denn solange Liebe strömt vom ich zum du
Ist diese schöne Welt noch nicht verloren!

ALTE LIEBESLEUTE

Nicht Vergangenheit noch Zukunft,
Nur die Gegenwart zählt.
Geliebter lass uns die nützen.
Bis zum letzten Atemzug
Sage ich deinen Namen.
In dir nur lebe ich,
In dir sterbe ich,
Du bist mein, Ich bin dein.

Wir beide sind eins,
Sind das Ginkgo-Biloba-Blatt
Vom Baum der Hoffnung,
Wir sind die sterbende Rose im Herbst,
Wir sind die vergehende Frucht im Frost.

ALTERSLIEBE

Ein letztes Mal noch gefüllt das Glas,
Wehmütig grüßend erhoben.
In deinen Augen verschleiert las
Ich Harm und Freude verwoben.

Wohin sind die Jahre entflohen,
Der Jugend herrliche Rosen,
Die Sommertage die frohen,
Die beschwingten, sorgenlosen?

Es ist unser Teil im Leben nicht,
Das Glück für immer zu binden,
Das Leben liebt aus Schatten und Licht
Uns bunte Sträuße zu winden.

AM FLUSS

Mein Glück sah ich vorüberfluten,
Auf Nimmerwiedersehen
Im Fluss des Schicksals sich verbluten
Trotz meines Herzens Flehen,

Ach könnte doch mein Schmerz zerschellen!
Wann wird sich meine Wunde schließen
Und wie die Tränen in die Wellen
Mein Harm sich in das Nichts ergießen?

Und meine warmen Tränen fielen
Zitternd in den Fluss hinein,
Sie strömten fort zu neuen Zielen –
Bekümmert sah ich hinterdrein.

Sie mengten mit der raschen Flut sich,
Auch meine Seele floh von diesem Ort.
Und langsam wie die Tränenflut entwich,
Zog auch der Schmerz mit ihnen fort.

Wie der Fluss geschwinde alles nimmt,
Vergessen bald ist auch der Schmerz,
Ein sanfter Engel leise stimmt
Die Seiten – heilt das kranke Herz.

AM GRABE II

Für W. B.

Das letzte große Wort blieb ungesprochen,
Des Liebsten Lippen sind versiegelt nun
Vom Tod für alle Ewigkeit!
Aus kalter Gruft hallt mir ein Ruf entgegen:
Zu Ende!

Das ist der Trauer bittrer, bittrer Kern:
Es gibt kein Wiedersehen, kein Zurück
Und keine Wiederkehr auf Erden.
Getrennt sind wir in Ewigkeit
Für immer! Für ewig! Für alle Zeit!

Ade du letzte Liebe meines Lebens,
Für alle Ewigkeit verlor ich dich,
Für alle Zeiten gingst du fort von mir.
Und ungesprochen blieb das letzte Wort.
Zu spät!

AM GRABE III

Die Erde auf dir leichter machen:
Mit dem reinen Gelb der Narzissen,
Der Tulpen frohem Liebesrot
Und dem süßen Duft von Hyazinthen
Die leise Traurigkeit vertreiben.

AM SEE

Zitternde Wellen laufen schauernd
Wie Fieber über den See.
Zwei schwarze Schwäne stehen trauernd
Am Ufer so todesweh.

Vom Himmel regnet Verlassenheit,
Die Welt gehört den Träumen
Von Liebe, Glück und Menschlichkeit
Und Sternen in den Bäumen.

An Sees Gestade möchte ich gehen
Im letzten tiefen Goldschein,
Beseligt ganz im Glanz verwehen –
Doch du müsstest mit mir sein.

AN DEN GELIEBTEN

Wiege mich nicht nach meinem Verdienst,
Wiege mich auf der Waage des Herzens.
Lass mich untergehen, doch bewahre mein Bild,
Liebe mein Bild, das in deiner Seele wohnt,
Wiege mich auf der Waage deines Herzens.

AUSKLANG

Schon welkt das Licht
Die Sonne winkt
Mit Strahlenhand
Den Abschiedsgruß
Vom Horizont.

Gib deine Hand
In meine nun
Und lass den Tag
Still gehen.

Was er gebracht
Soll in den Fluss
Der Zeit ganz sanft
Verströmen.

Im Abendstrahl
Seh ich mein Bild
Im stillen Spiegel
Deines Auges.

Sei ganz gewiss:
Ich bin bei dir,
Wir beide sind geborgen
In Gottes Hut.

BLÜTEZEIT

In duftigem Weiß stand der Kirschbaum
Und raunte mir Liebesworte zu.
Bei Nacht verdarb Frost den Blütenschaum –
Die Träume gingen enttäuscht zur Ruh.

Einst machte der Frühling uns trunken –
Die Seligkeit ist längst vergangen,
Das Füllhorn im Morast versunken,
Der Himmel welkt grau und verhangen.

Nun ragen die Äste braun und leer
Den trübgrauen Himmel starr hinan.
Ich bin wie der Baum so blütenleer –
Entfernt bist du, mein Frühling verrann.

BOGEN DER NACHT

Der dunkle Bogen der Nacht
Wölbt sich über dem Meer
Wie meine Liebe sich wölbt
Über deiner Seele.

Deines Feuers Widerschein
Erhellt mein dunkles Herz
Wie der Mond das Meer erhellt
Wenn im Silberglanz es schläft.

Dunkle Blumen öffnen
Sich im Mondenstrahle
Und meine Liebe geht auf
An deinem Herzensquell.

DAMALS I

Da bist du wieder mein blauer Traum –
Ich wähnte dich lange vergangen,
Die Blätter fielen von deinem Baum
Und mir bleichten die Jugendwangen
Totverwelkt wie Frühlingsblütenschaum.

Im grünverjüngten Buchenwalde
An einem Sonntag gingen wir zwei,
Das junge Laub um die Häupter uns wallte.
Die Vögel sangen im lichten Mai,
So klar durch die Wipfel es hallte.

Leis knisterte unter den Füßen
Braunes Laub vom vergangenen Jahr.
Gelbe Primeln ließen uns grüßen,
Du schobst in mein mädchenjunges Haar
Mir eine unter tausend Küssen.

Getrennte Weg gingen wir dann –
Ich verlor dich zwischen den Buchen.
Dein Goldhaar schimmerte dann und wann,
Mein Stolz war zu groß dich zu suchen,
Anderes schlug mich in seinen Bann.

Mein Traumbild fiel mir aus den Händen,
Trüb wurde das Blau meiner Sehnsucht.
Die Spinnen webten an den Wänden,
Gram legte seine drückende Wucht
Aus in allen Ecken und Enden.

Nun ist mein Traum wieder erstanden
Mit der singenden Flamme im Herz
Deinen Namen die Lüfte nennen
Und die goldgelben Primeln im März
Leuchtend wie damals im Buchenwald brennen.

DAMALS II

Damals war träumen so leicht –
Als ich ein Kind war.
Damals strahlten die Sterne so klar –
Als ich ein Kind war.

Damals war träumen so leicht –
Als ich so jung war.
Damals war der Walzer so schön –
Als ich jung war.

Damals war träumen so leicht –
Als ich mit dir war.
Damals blühten die Rosen so rot –
Als ich mit dir war.

Damals war träumen so leicht –
Als ich dein war.
Damals sang süß die Nachtigall –
Als ich dein war.

Damals ist lange vorbei –
Träumen ist lange vorbei,
Aber die Liebe zu dir
Lebt heute wie damals.

DAS SCHWERSTE WORT

Lebwohl – ein Wort
Das ich nie lernen kann.
Ich werde dich nie ganz verlieren
Weil ich Lebwohl nicht sagen kann,
Weil ich dich niemals lassen kann.

Man geht niemals ganz,
Ein Stück Herz bleibt immer zurück –
Es friert das Wort: gewesen,
Und im Fieber der Erinnerung
Erwacht der Traum.

DAS WESEN DER LIEBE

Frage mich nicht nach der Art meiner Liebe!
So vielförmig wie des Himmels Wolken,
So unbeschreiblich wie deren Vielfalt,
So wechselhaft in ihren Gestalten
Ist meine Hinneigung zu dir.

Die Wolken wechseln fortwährend ihre Gestalt,
Tänzerisch fügen sie sich zusammen,
Verschmelzen und trennen sich wieder,
Erstehen zu neuen Gebilden,
Ihr Wesen aber bleibt bestehen.

Darum frage mich nicht nach der Art meiner Liebe,
Forsche nicht nach ihrem Kern.
Würdest du meine Liebe enträtseln,
Wärest du gleich dem ehrgeizigen Forscher,
Der die Lerche zerschneidet auf der Suche
Nach ihrem Gesang.

DEIN GEIGENSPIEL

Verborgen in schweigenden Saiten
Harren die Töne der Geige
Der beseelten Hände des Künstlers
Um zum Leben zu gelangen.

Verborgen das Korn in der Erde
Verdirbt und wird nicht zur Ähre
Wenn ihm mangeln das Sonnenlicht und
Das Leben spendende Wasser.

Verborgen im Acker des Herzens
Erhofft die Liebe den Frühling
Dass er zu Gedeihen und Blühen
Und süßem Fruchten ihr helfe.

Verborgene Klänge der Seele
Erweckt in mir dein Bogenstrich –
Die Saiten beginnen zu schwingen
Bis silbern die Töne tanzen.

DER VERLASSENE

Schwer und traurig hängt der Himmel
Tief mit seiner weißen Last
Über unsrem kleinen Dorfe,
Das du still verlassen hast.

Kein Stern am Himmel blinkt mir zu,
Sacht und lautlos fällt der Schnee,
Und in der toten Stille fühlt
Mein Herze brennend rotes Weh.

Durch enge Gassen schreite ich
Die lang schon stille schlafen,
Will bei dem Baume rasten
Bei dem wir oft uns trafen.

Der Baum hat keine Blätter mehr,
Um mich her nur Nacht und Graus.
Eiswind zerrt mir an den Kleidern.
Wollte Gott du wärst zu Haus!

Als die welken Blätter fielen
Da fiel deine süße Lieb,
Nachts hast du den Ort verlassen,
Weiß nicht, was dich von mir trieb!

In der kalten weißen Stille
Alles hält den Atem an.
Liebestränen mir gefrieren,
Liebchen, was hast du getan?

DIE LIEBE

Liebe, lang vergessenes Wort –
Aus der Herberge gegangen
Als die Rast zu Ende war.
Langsam verdämmernde Erinnerung
Aus dem Gedächtnis gebannt.

Buchstabiere das Wort mit mir
Damit ich es wieder lerne.
Als ich bei dir war
War ich nicht bei mir,
Nun stehe ich neben uns beiden
Und betrachte aus der Ferne
Der Zeit uns beide –
Ich bei mir und dir,
Ist das möglich?

DUFT UND LIEBE

In der Wärme erwachen
Die schlafenden Düfte,
Breiten sich aus und füllen den Raum.

So erweckt auch die Liebe
Das Edle im Menschen,
Es wächst empor zum blühenden Baum.

DU TRITTST IN MEINE TRÄUME EIN

Du trittst in meine Träume ein,
Wenn meine Seele wehrlos liegt im Schlafe
Und alle ihre Tore offen stehen.
In meiner Seele weicht der dunklen Gärten Süße
Dem wilden Meer das meinen Mast zerbricht,
Dem heißen Sonnenball, der alle Gletscher schmilzt,
Dem Sturm der Ozeane peitscht.

Du trittst in meine Träume ein
Wenn meine Seele wehrlos liegt im Schlafe
Und alle ihre Tore offen stehen,
Was Tags ich abgewehrt, ergreifst du ohne Widerstand
Und zündest Feuer an, die alles niederbrennen.
Dann fliehen vor den Fenstern meiner Seele
Zarte Sehnsuchtswolken hin
Und meine Seufzer verwehen sanft in deiner Glut.

Du trittst in meine Träume ein
Wenn meine Seele wehrlos liegt im Schlafe
Und alle weißen Segel sind gesetzt zur Fahrt
Hin über den schimmernden Strom.
O tritt nicht mehr in meine Träume ein
So wie ein Dieb nachts in die Kammer tritt
Und lasse mir die stille Arche meines Schlafes!

Du trittst in meine Träume ein
Wenn meine Seele wehrlos liegt im Schlafe,
Gleich einem Sturme in der Raserei
Brichst du die Fenster auf und braust durch alle Tore
Und wütest in der schönen Ordnung meiner Seelenräume
Reißt mir die Bilder von der Wand
Und hängst dein eigenes Bildnis auf –
O tritt nicht mehr in meine Träume ein!

EINMAL NOCH

Einmal noch in deinen guten Augen tief versinken,
Einmal noch lauschen deiner Stimme warmen Klang,
Einmal noch in deinen Küssen süß ertrinken –
Einmal noch, nur ein einziges Mal!

Einmal noch an meiner Wange deinen Atem fühlen,
Einmal noch mit dir im Birkenwäldchen wandeln,
Einmal noch in deiner Haare Goldgelocke wühlen –
Einmal noch, nur ein einziges Mal!

Einmal noch mit dir dem Morgenrot entgegengehen,
Einmal noch den vollen Becher mit dir leeren,
Einmal noch finden in deinem Auge Verstehen –
Ach nur ein einziges, letztes Mal!

ENTFLOHENES GLÜCK

Alltagsleben verdrängt Erinnerung,
Es drängen sich neue Bilder vor.
In stiller Zeit hebt sich der Vorhang
Und sanftes Gedenken steigt empor.

Sacht rinnen wehmütige Tränen,
Verträumt spielt ein Lächeln um Aug und Mund,
Viel Seufzer schwingen sich aus der Seele,
Entsteigen dem tiefsten Herzensgrund.

Du lebst dem alten Geschehen nach,
Doch kehrt das Vergangene nicht zurück –
Das Gewesene schmerzt, doch endlich dann
Fällt der Vorhang über erinnertes Glück.

ENTSAGUNG

Jahrelange Verlassenheit
Meines Herzens
Ließen es erfrieren.
Du gabst mir leidlich Brot,
Doch Rosen viel zu wenig.
Ständig darben musste
Mein warmes Herz.

Zum Leben zu wenig –
Zum Sterben zuviel,
Nicht länger ertragen kann ich es.
Ich scheide mein Herz
Nun von deinem.
Nun herrscht Schweigen.
Es lebt sich besser ohne Herz.

ERINNERN

Oft denke ich unserer köstlichen Zeit,
Als alles Trennende verblich,
Die liebeatmenden Tage und Nächte
Mit dir sind die Sterne am Himmel
Meiner graukalten Einsamkeit.
Nur zärtliches Erinnern bleibt.

ERKENNEN

Ich sah die Traurigkeit in deinen Augen
Und all die Einsamkeit der ganzen Welt
Wie tiefe Brunnen, die man nie erschöpfte,
In denen sich das Licht des Lebens spiegelt.
Du scheinst so fröhlich für den Menschen,
Der keinen Blick in deine Augen tut,
Jedoch ist keine Täuschung möglich
Wenn ich dir in die Augen sehe, Liebster,
In deine Augen, die mir deine Seele spiegeln.

ERSTE ROSE II

Die erste Rose dieses Sommers will ich
Nun schneiden und sie dir schweigend bringen
Zum stillen Ort, wo im Verborgnen schwingen
Die Saiten, die leise banden dich und mich,

Und an den reichen Rosensegen denken
Den du mir oft in fernentrückten Tagen
Hast gebracht, und in deines Herzens Schlagen
Will ich erinnernd selig mich versenken.

Und wie rückwärts wendet sich mein Liebesblick,
Sehe dankbar ich den köstlich-schweren Weg,
Den uns schreiten hieß das göttliche Geschick,

Mit Rosen übersät und bunten Kränzen,
Die du treu mir streutest auf den Lebensweg,
Im Goldgeschmeid der Abendsonne glänzen.

ERWACHEN

Zum ersten Mal in meinem dunklen Geist
Ein Regenbogen auferstand,
Sein bunter Strahl das Dunkel fand
Und wärmte langsam, was vereist.

Zum ersten Mal ward meiner Seele Feld,
Das lange brach und unnütz schlief
Bestellt von deinem Pfluge tief –
Und hell erglänzte meine Welt.

Was vordem unbebaut im Finstern lag,
Das bringt dein Regenbogen an den Tag,
Bringt deine Wärme erst zum Leben

Und zartes Korn beginnt zu streben
Nach Licht und Liebe und Musik –
Das schafftest du im Augenblick!

EWIG FERN

Ich möchte gondeln durch die blaue Nacht
Im Kahn des Mondes mit dir Herz an Herz,
Mein Sterngefährte, sehnsuchthimmelwärts
Bis uns der Glanz des Morgens neu erwacht.

Gleich wie der Mond still um die Erde kreist,
Ihr immer nahe und doch ewig fern,
So kreist mein Denken stets um dich mein Stern,
Kann deine Küsse schmecken nur im Geist,

Doch meiner ungeküssten Küsse Glut
Erlöscht wie ungeschürtes Feuer stirbt,
Wie Mond vergeblich um die Erde wirbt
Auf seinem Sehnsuchtsweg voll Liebesglut.

FERNGESPRÄCH

Deine Stimme am Telefon
Baut Mauern um mein Leben,
Umarmt sanft meine Seele
Mit ihrem liebvertrauten Ton.

Deine Stimme am Telefon
Ist mein vertrauter Stern,
Ist meines Herzens Festung,
Meiner letzten Liebe Thron.

Deine Stimme durchs Telefon
Ist der lenzessüße Hauch,
Das Manna meines Lebens,
Meiner Liebessehnsucht Lohn.

Deine Stimme am Telefon
Ist meines Herzens Weide,
Ist der Gesang der Amsel,
Ist meiner Flöte Silberton.

Deine Stimme am Telefon
Ist Kompass meiner Tage,
Das Feuer meines Herdes,
Ist meines Schlafes süßer Mohn.

Deine Stimme am Telefon
Ist des Himmels Silberstreif
Nach trüben Regentagen –
Bleibt meiner letzten Liebe Kron.

FRAGE I

Die weißen Locken kosen
Dein herbes Angesicht
Aus dem so warm mir leuchtet
Dein blaues Augenlicht.

Hinweg aus deiner Stirne
Ich streich die Locken dir
Und will dich leise fragen:
Was wird aus dir und mir?

FRAGE II

Wo ist die Liebe hingegangen
Die gestern Liebende verband,
Die beider Herzen hielt gefangen.
Wo blieb der Liebe göttlich Band?

Und Zärtlichkeit die einst gewaltet
Verzitterte in leisem Weh.
Die heißen Küsse sind erkaltet,
Wie Feuer ausgelöscht im Schnee.

Wo ist die Liebe hingegangen?
Sie floh gleich frohen Melodien
Die gestern noch im Raume klangen,
Heut durch den weiten Äther ziehn.

GANZ

Sammle dein Schweigen
In mein Herz.
Mein Herz ist die Scheuer
Deiner Schätze.
Ich bin die Äolsharfe,
Du der Wind.
Du bringst meine Saiten
Zum Klingen.

Deine Sehnsucht – mein Weg,
Dein Schweigen – meine Speise,
Deine Angst – meine Sorge.
Du hülltest sie stets
In den Mantel der Rücksicht –
Ich sah sie nie.
Lass mich nun deine Angst
Mit dir teilen.

Ich will deine Sehnsucht
Mit dir teilen.
Dein Schweigen will ich
Mit dir teilen.
Ich will mich in den Kelch
Deiner Liebe legen.
Dann werden Sterne
In unsere Seelen fallen.

GESCHENK

Über dem Hause steht das Dreigestirn
Jupiter, Venus und sacht wachsender Mond.
Die Nacht trägt sie als Diadem im Haar.

Ich tauche mein Herz in die Mondschale und
Lasse es silbern klingen auf ihrem Grunde,
Dann schenke ich es dir frisch geputzt.

Ich nehme der Venus den Goldschein ab
Und lege ihn dir zu Füßen.
Was willst du mehr?

HERBSTLIEBE

Letzte Strahlen voller Süße
Glieder mir und Seele wärmen.
Einmal noch, bevor es nachtet,
Bringt die Liebe reiche Frucht
Und es trachtet Herz zu Herzen,
Leib zu Leib, Seel' zu Seele.

Trübes Auge leuchtet wieder,
Matter Schritt, hebst dich beschwingt,
Blasser Mund, so bitter einstens,
Blüht und schwillt und lächelnd lockt;
Haar erstrahlt im alten Glanze
Wie in ferner Jugendzeit.

HEIMLICHE GELIEBTE

Sinkt der Tag ins Meer hinein,
Schwingt mein Herz die matten Flügel,
Fliegt zu dir im blassen Schein
Heimlich über Tal und Hügel.

Ruht im Schatten deines Gartens,
Trinkt aus deines Herzens Quelle
Und die Qual des langen Wartens
Trägt hinweg der Liebe Welle.

Wenn dein Hauch zum Tag erwacht
Muss ich traurig Abschied winken –
Ich darf nur in Traumes Nacht
Deine süßen Küsse trinken.

HEIMLICHKEITEN

Schlaftrunken atmen die Bäume im Park,
Duftender Majoran schläfert sie ein.
Silbrig glänzen die Rätselschatten,
Ruhig atmet die weiche Nacht.

Huscht es nicht hurtig über den Weg?
Raschelt im Schatten nicht leise ein Kleid?
Dort bei den Rosen das Mädchen lauscht:
Was heimlich im Scheine des Mondes sich regt?

Leise knistert der Nachtwind im Gras,
Träge umflort er den duftenden Strauch.
Kommt nicht schüchtern ein Knabe hervor,
Tritt nicht zu den Rosen er hin?

HERZENSSPIEGEL

Wenn du mich anschaust
Fühle ich mich schön,
Verwandelt find' ich mich
Im Spiegel deines Herzens,
Und in der Muschel deiner Liebe
Wächst die Perle Schönheit.

Wenn du mich anschaust,
Fühl ich meine Anmut sich entfalten,
Verschönert hat dein Herz mein Bild
Das ich in deinen Augen sehe,
Ihre ungesagten Worte zünden
Meiner Seele Feuer.

Wenn du mich anschaust,
Erblühe ich so sanft
Im Frühlingsregen deiner Zärtlichkeit,
Erweckt die Morgensonne
Deiner holden Blicke
Sanftes Liebesrot auf meiner Haut.

Aus allen Blumen dieses Sommers
Erwählte mich dein Herz
Zum sanften Tanz der Liebe.
Nun blühe ich ganz bunt und
Stehe prächtig in deinem süßen Garten.
Weil du mich angeschaut.

HERZFLATTERN

Wie ein aufgeregtes
Vögelchen
flattert mein Herz
wenn du kommst
und mit zärtlicher Hand
sein Gefieder liebkost.

Du hast dem
ängstlichen Vögelchen
deine Hand hingehalten,
still, ganz still,
bis es zutraulich kam
und sich schmiegte
in deine liebende Wärme.

HERZENSNOT

Für F.

Nachts kommt die Sehnsucht des Herzens,
In der Stille der Welt schleicht sie sich ein.
Ich weiß, dass wir nicht vereint sein können –
Aber das Herz, das Herze sieht das nicht ein.

Nachts kommt der Schmerz des Alleinseins,
Mit der Stille der Welt schleicht er sich ein.
Ich weiß, dass ich dich niemals lieben darf –
Aber das Herz, das Herze sieht das nicht ein.

Nachts kommt die Trauer der Seele,
Mit der Stille der Welt schleicht sie sich ein.
Ich weiß, dass Himmel und Erde uns trennen –
Aber das Herz, das Herze sieht das nicht ein.

IM DUNKEL DER NACHT

Im Dunkel der Nacht flirren schwere Düfte,
Wacht holdes Gedenken an verwehtes Glück,
Bringt süß mir dein verblasstes Bildnis zurück,
Flüstern von heimlichen Küssen die Lüfte.

Im Dunkel der Nacht wachen Sehnsüchte auf,
Steigt Duft aus den schlummernden Rosen im Beet
Wenn das Mondlicht bleich über den Garten geht
Und Liebe zart flüstert bei der Sterne Lauf.

Im Dunkel der Nacht weintest du in mein Haar,
Noch immer spür ich deine warmen Tränen,
Brennen Begehren und zärtliches Sehnen –
Noch immer nach manchem verlorenen Jahr.

Im Dunkel der Nacht nahm ich Abschied von dir –
Wir haben uns niemals wieder gesehen,
So schwer war es das Geschick zu verstehen –
Nun murmeln die Rosen im Schlafe von dir.

KUSSPOST II

Einen Kuss wollt' ich dir schicken
Und wusste doch nicht wie,
Da sah ich eine Rose nicken
Die im Garten mir gedieh.

Ich alsdann von der Rose nahm
Ein Blättchen ab so hold,
Und die schöne Rose fügsam
Zahlte mir den Sold

Für treue Pflege Jahr um Jahr
Die ich ihr hab geschenkt,
Da duftete sie wunderbar,
Hielt das Köpfchen scheu gesenkt.

Ich sagte ihr, dies Blättchen fein
Soll sein ein Liebesgruß
An den Herzallerliebsten mein
Mit einem süßen Kuss.

Und sie verstand mich schwesterlich,
Hat leis dazu genickt,
Schenkt mir den Duft verschwenderisch –
Ich hab ihr ganzes Sein erblickt.

LEBWOHL

Abgelegt hat das Schiff
Löst sich schweigend
Aus der Bucht
Schwebt langsam davon
Du lässt es ziehen
Noch lange siehst du es
Am Horizont sich entfernen
Unter seinem Kiel
Quirlt eine weiße
Schaumspur hervor
Bis darüber
Die Wellen sich schließen.

LIEBE

Auf den Straßen der Sehnsucht
Wandert mein Herz zu dir,
Du meiner Liebe Zuflucht,
Du meiner Seele Zier.

Glaube lenkt meine Schritte,
Mit dem Winde fliegt mein Gruß.
Liebe baut mir die Brücke
Über den wilden Fluss.

Hoffnung bläht meine Segel,
Treibt mein Schiff übers Meer,
Trägt über Berges Kegel
Sacht mich der Engel Heer.

LIEBENDE

Meines Herzens Blume bist du,
Der Morgentau auf meinen Lippen.
Höre wie mein Herz singt
In der goldenen Brunnenschale,
Siehe wie die Rosen stürzen
Aus dem blauen Gewölbe.
Meine Füße gleiten über
Silberteppiche aus Sternen
Wenn du da bist!

LIEBESKRANK

Die Liebe starb nicht gleich und jetzt,
Langsam starb sie an den Wunden
Mit denen du mein Herz verletzt
In so vielen bittren Stunden.

Also schnitt das scharfe Messer
Mein Herze von dem deinen los:
Deines schlug befreit und besser,
Meines traf das Todeslos.

Herzlos weiterleben muss ich,
Trinken alle Tage Tränen
Und mit der grauen Trauer mich
Immer immer nach dir sehnen.

LIEBESLIED

Kornblumenaugen leuchten aus dem Garten
Deines Angesichts,
Im lachenden Blau deines Blickes spiegelt sich
Der tiefe Sommerhimmel.
Deine weiße Stirn leuchtet wie das Schneefeld in
Der Januarsonne.
Wie liebliche Sphärenklänge in der Sturmnacht tönt
Die Harfe deiner Stimme,
Süß wie die Stimme der Feldlerche im Singflug ist
Deine Stimme.

Goldener Weizen reift auf deinem Sommerhaupte
Und umfließt deinen duftenden Mohnblumenmund.
Keine Wolke schattet das Gold deines Lächelns
Und dein zuckendes warmes Herz ist wie die fruchtbare
Heilige Erde,
Düfte von Jasmin sind deine Aura.
Vor deiner süßen Schönheit verblassen die Gestirne
Des Alls.

LIEBESTOD

Wie ein Stein flach geworfen
Über einen stillen Teich
Mehrmals aufhüpft auf dem
Glatten Spiegel des Wassers,
Im Untergehen Ringe bildet,
Stumme Hilfeschreie sendet
Die immer weiter sich entfernen
Und endlich leis verebben –
So geht die Liebe weg vom Herzen,
Unaufhaltsam, still verdämmernd.

MANCHMAL

Manchmal in heller Sommernacht
Wenn die Welt in tiefem Schlafe lag
Wandelten wir früher zu zweien
Über taufeuchte Wiesen, durch nächtlichen Wald,
Still schien der Mond für uns allein.

Manchmal in heller Sommernacht
Wenn die Welt in tiefem Schlafe lag
Küssten wir uns im Sternenlicht
Und das wogende, reife Glück
Sah ich in deinem Angesicht.

Manchmal in heller Sommernacht
Wenn die Welt in tiefem Schlafe lag
Sprachen wir lange ganz ohne Worte
Und eines am andern freute sich
Am weltverschwiegenen lieblichen Orte.

Manchmal in heller Sommernacht
Wenn die Welt in tiefem Schlafe liegt
Hör ich im Walde das Käuzchen schrein.
Dann denk ich an das holde Glück
Das wir einst hatten – ich bin allein.

MEINE HEIMLICHEN TRÄUME

In meinen heimlichen Träumen bewahren
Werde ich immer die Tage mit dir.
Aus der Ferne hast du in all den Jahren
Deine Sternenstrahlen gesandt zu mir.

Wie erblühte mein Leib an allen Gliedern
Seit ich dich kannte, du mein gewesen
Und du mit unschuldig gesenkten Lidern
In meiner Seele Bronnen gelesen.

Zärtlich tagte der erste Rosenmorgen,
Der Himmel ging purpurstrahlend uns auf.
Doch hinter schleiernden Wolken verborgen
Stand geschrieben unserer Sterne Lauf.

In meinen heimlichen Träumen bewahren
Werde ich immer die Küsse von dir.
Mein verwaistes Herz will die wunderbaren
Tage nicht vergessen, es drängt zu dir.

MIT DIR

Mit dir möchte ich
In der blauen Farbe
Des Regenbogens wohnen,

Vom Wolkentischtuch
Liebe essen und
Sternentau trinken,

Auf der Mondsichel
Schaukeln, drei
Sternschnuppen hinabwerfen,

Unsere leuchtenden Herzen
Am Nachthimmel
Aufhängen,

Unsern Mondnachen
Weit ins unendliche
Himmelblau rudern,

Auf der Himmelswiese
Goldsternensträuße binden –
Mit dir.

MUSIKANTEN

Zusammen wollte unser Lied nicht klingen,
Da haben wir getrennt Musik gemacht,
Getrennt wir unsre Sehnsuchtswege gingen
Und einsam jeder sich sein Lied erdacht.

Du gehst mit deiner Geige stille Wege,
Ich wandre mit der Flöte durch das Land,
Durchstreife Berg und Kluft und schwanke Stege
Und seh dich ferne winken mit der Hand.

Wir finden manchmal uns am Wegesrand
Und teilen unser Brot und unsern Wein,
Doch ist dein Herz mir nicht mehr zugewandt,
Und traurig scheiden wir im Morgenschein.

NACH DEM STREIT

Unsere kalten Herzen reiben sich
Wie Feuersteine aneinander
Bis die Flamme züngelt
Und uns wieder einhüllt in die
Lohe der Liebe.

Über das duftende Rosenbeet
Deines Herzens breite ich
Meine glühende Seele
Als Schirm und Schutz
Geliebter.

NACH LANGER ZEIT

Wie die rollenden Wolken am Himmel
Ändern ihre Gestalt
Wandelte sich dein Gesicht –
Von Jahr zu Jahr.
In alten Fotos suchte ich dich
Und erkannte dich nicht –

Du warst mein
Krokus im März,
Mein Maiglöckchen,
Mein duftender Jasmin im Junipark,
Der reife weiße Sommerflieder,
Meine herbstliche Chrysantheme –
Nun –
Schneeüberzogen dein Haupt

Aber ich suche die Augen –
Bist du es noch?
Hinter trüben Pupillen,
Hinter schweren Lidern,
Hinter grauen Brauen,
Hinter dicken Brillengläsern
Trifft mich dein Blick.

Ja, du bist es noch,
Ich finde dich wieder.
Wir verlernten die Zeit.

NACHTS

Oft spür ich nachts dein zartes ich
Und weiß, du bist bei mir im Raum.
Geheimnisvoll umschwebst du mich,
Begegnest mir im Traum.

Kein Laut aus deinem Munde dringt,
Schaust mich nur still und wissend an,
Und meine ganze Seele sinkt
Hinab in deinen Bann.

Du bist bei mir, mein Schmerz verweht.
Getrost erwarte ich den Tag.
Dein Geist an meiner Seite steht,
Das Leben neu ich wag.

NAHESEIN

Ich fühle deine Hand
Auf meiner Schulter
Und wende mich nicht um –
Denn du bist da.

Du bist mir nahe allezeit,
Unwandelbar und treu
Umhüllst du mich
Mit der Sanftmut deiner Sorge.

Der Mantel deiner Liebe
Wärmt mich im Winter
Des Alltags, beschützt mich
Vor den Blicken der Rohheit.

Solange du da bist
Fürchte ich mich nicht.
Kein Sturm weht mich um
Kein Wetter schreckt mich.

NEUBEGINN

Allein gingst du davon –
Gabst mir mein Herz zurück.
Du sagtest nicht ade
Und ohne Ballast schrittest du
Von mir hinweg.
Dein Neubeginn ging als
Ein Morgenrot dir auf.

Ich aber blieb,
Die ganze Last lag nun auf mir –
Mein Herz und dein Herz
Tragen musste ich
Den langen Weg durchs Dasein.
Dein Neubeginn war
Mir mein frühes Grab.

NOVEMBERABEND

Sanft brennt das Licht im Zimmer,
Still ruht mein Haupt an deiner Brust,
Und bei der Kerze Schimmer
Wird es mir klar bewusst

Wie sehr wir uns gehören,
Wie einig wir uns sind,
Wie brauchen Treue nicht zu schwören,
Wir sind wie Wolke und Wind.

Trennung kann zerreißen nicht
Unsrer Liebe festes Band
Ganz gewiss es nicht zerbricht
Solange wir uns zugewandt.

PARADIESTRÄUME

In meinen Träumen läuten tausend Glocken,
Im Saale brennen tausend Kerzen warm und festlich,
Tausend Schmetterlinge froh die Sinne locken
Und tausend Rosen duften süß und köstlich.

In meinen Träumen glühen tausend Sterne,
Der Himmel regnet tausend Küsse mir hernieder.
Gottvater schickt sein Lächeln mir aus hoher Ferne
Und ich habe dich in meinen Träumen wieder.

Ich hab dich wieder und dein Arm umfängt mich,
Die reinste Liebe strahlt aus deinem Blick mir zu
Und deine liebe Stimme singt mich köstlich
An deines Herzens Heimatort zur stillen Ruh.

Am Morgen aber stürzt mir dieser Traum zusammen,
Wenn hart die Wirklichkeit mir in das Antlitz sieht,
Zu grauer Asche brennen alle reinen Flammen
Und das geträumte Paradies aus meiner Seele flieht.

REGENBOGEN I

Wie der zerbrochene Kreis
Des Regenbogens
Seine zweite Hälfte sucht im All,
So sucht meine Seele die deine,
Auf Sehnsuchtsflügeln
Schwebt rastlos sie umher
Und wünscht sich nur das Eine:
Mit ihrer zweiten Hälfte
Sich für immer zu vereinen.
Wir beide –
Der Kreis des Regenbogens.

REIFER SOMMER

Sommer ist es, in der Luft
Liegt schwer der Reife süßer Hauch.
Jeder Tag gleicht einer Rose, und ihr Duft
Füllt das Herz mit Zauber aus.

Jeder Tag gemahnt ans Scheiden,
Jeder Tag geht zu den Sternen.
Jeder Tag, geschenkt uns beiden
Lässt uns neu die Liebe lernen.

ROSENLIED

Es wollt ein Jüngling ein Röslein schneiden,
Er ging in den Garten am Elternhaus,
Das schönste fürs Schätzchen wählte er aus
Den Tod für die Liebe zu leiden.

Das sah der arglistige Abendwind,
Beschloss die Liebesknospe zu töten.
Der Rosenstrauch erbebte in Nöten,
Und der Wind zerzauste den Strauch geschwind.

Grob riss er die Rosenblätter vom Strauch,
Ganz ohne Blüten stand traurig der da.
Doch als ihn die Nacht so verloren sah
Schickte sie ihm einen liebreichen Hauch.

Der versprach ihm neue Blüten gar bald,
Der Strauch hoffte voll Glaube und Liebe
Auf die Rückkehr der rosigen Triebe –
Doch über Nacht wurde es bitterkalt,

Die Rosen konnten nicht wiederkommen.
Der Strauch warf voll Trauer die Blätter ab,
Die sanken zur Erde ins kalte Grab,
So war dem Armen alles genommen.

Der holde Rosentraum war ausgeträumt,
Das Versprechen der Nacht gebrochen
Da hat der Strauch den Jüngling gestochen –
So büßte der was der Nachthauch versäumt.

ROSENSTRAUCH

Wie der Rosenstrauch herrlicher blüht,
Immer williger seine Wunder vollbringt
Je mehr der Gärtner ihn seiner
Duftenden Schönheit entäußert,

Desto schöner und reicher blüht mir
Deiner Seele unendlicher Reichtum,
Da ich Blüte um Blüte pflücke
Von deiner unsterblichen Seele.

Du verschwendest die Blumen
Deiner Seele an mich, aber
Das Wunder der Liebe bringt
Mehr und schönere Blüten hervor.

O ich habe keine Gaben für dich
Du Vielreicher, du Verschwender,
Aber du lässt mich Blüten pflücken
Vom Rosenstrauch deiner Seele.

RUFE MICH
Für F.

Rufe mich wenn du mich brauchst,
Wenn du leis meinen Namen hauchst –
Dann werde ich da sein.
Auch wenn wir getrennte Wege wandern
Zieht Sehnsucht eins immer zum andern.

Das Glück mit dir kam und ging –
Gar oft am seidenen Faden es hing.
Doch wie der Mond um die Erde kreist
Dreht sich all mein Denken um dich,
Für immer bin ich gebunden an dich.

Dich anzunehmen fiel mir oft schwer.
Doch der dünne Faden hält nun nicht mehr!
Wir beide stehen am Scheideweg.
Du gehst, trittst nie mehr in meinen Raum –
Doch ich werde dich suchen in meinem Traum.

Ich träume vom Glück das wir verloren,
All unsere Blüten im Frost erfroren.
Doch wenn du Hilfe brauchst, rufe mich,
Denn bald führen unsere Wege zum Tod
Und Entzweite fallen in tiefste Not.

Drum rufe mich, wenn du mich brauchst,
Wenn du leis meinen Namen hauchst
Werde ich es hören und bei dir sein!
Gleichwohl wir getrennte Wege gehen
Will ich erhören dein leises Flehen.

SCHMETTERLING LIEBE

Liebe – zärtlicher Schmetterling
Von Blume zu Blume gaukelnd
Im lebensberauschten Frühling
Unsere Sinne verzaubernd.

Liebe – zärtlicher Schmetterling
Schwebend von Blüte zu Blüte
Nie lange verharrend,
Nie lange treu.

SCHMETTERLINGSFLÜGEL

Schmetterlingsflügel hatte die Liebe
Als sie im Silbertau des Frühlings stand,
Wir folgten ihrem zarten Triebe
Als sie mit süßer Kraft uns beide band.

Doch bunte Schmetterlinge sterben bald,
So elfenzart und zu ätherisch rein
Für diese Welt, die unbarmherzig kalt
Das Allzuzarte nicht lässt gedeihen.

Meine rückgewandten Träume treiben
Graugewandet nun ins Niemehr hinein.
In die Lüfte, an die Berge schreiben
Will ich zwei Worte: Niemehr und Allein.

SCHMERZ

Die Stille der Einsamkeit
Wirft stumme Schreie nach mir.
In den Mantel der Traurigkeit
Hülle ich mich,
In den schwarzen Mantel der Trauer,
Singe graue Klagelieder, denn
Lange dahin sind die Tage des Lachens,
Lange verstummt
Die Stimmen der Liebe.
Lange entflohen die blauen Träume.

Keine Ewigkeit rankte das Glück
Um die Laube unserer Liebe,
Die Zeit und das Leben brachen es.
Wie ein getroffener Vogel im Absturz
Schreit mein verwundetes Herz.
Nun wiege ich meine Kinder im Geiste,
Drehe das Rad rückwärts
Rückwärts drehe ich das Rad,
Rad das ich rückwärts drehe.
Meine Wellen suchen das Ufer.

SCHWARZE ROSE

Schwarze Rose auf dem Hügel
Schicksalsdüster wie mein Leid.
Schwarze Rose hebt die Flügel
Über meine Traurigkeit.

SEHNSUCHT NACH DEM ENTFERNTEN

Schreib mir wie es dir geht, mein Mann
Schreib mir was du denkst
Schreib mir was du mir zu Ostern schenkst
Schreib mir, was unser Baby schon kann.

Schreib mir ob du mein Herz verstehst
Schreib mir ob das blaue Hemd dir noch passt
Schreib mir was du für Laune hast –
Schreib mir ob du heute ins Kino gehst.

Schreib mir wie es um den Garten steht,
Schreib mir ob die Rosen schon blühen
Schreib mir von deinen beruflichen Mühen –
Mit einem Wort: Schreib mir wie es dir geht!

SPÄTE LIEBE II

Versunken das ganze Lebensland,
Vergangen die bangen Jahre.
Freudig sehe ich unverwandt
Das Glück meines Lebens, das wahre.

In all den Wirren des Lebens
Suchte ich immer nach dir
Und fand das Füllhorn des Segens
In der Ganzheit du und ich – wir.

SEUFZER

Letzte Liebe, letztes Leid
Senktest du mir in mein Herz.
Ach wie oft in Raum und Zeit
Habe ich von dir geträumt–
Und die Gegenwart versäumt!
Nun betäubt mich blinder Schmerz.
Denn dein helles Licht fällt
Nicht mehr in meine Welt.

TAUBEN

Ich wollt' wir wär'n zwei Tauben,
Zwei Tauben rein und weiß!
Wir säßen auf dem Dache
Und schnäbelten uns leis.

Wir hätten immer Frieden
Und hielten uns die Treue,
Frau Taube und Herr Täuberich,
Und kosten stets aufs Neue.

Auf unsren Köpfchen zierlich
Wir trügen weiße Hauben
Und schnäbelten uns zärtlich –
Wir zwei verliebten Tauben.

In unsrem Nest im Dache
So glücklich immerdar
Wir wären stets beisammen
Und lebten hundert Jahr.

TOTENKLAGE

Licht meiner Augen –
Erloschen für immer.
Leidverwundet liegt
Meine Seele am Boden.

Das ist das Bitterste im Leben:
Den Ring verlieren von der Hand –
Hergeben was uns einst gehört.

Meine liedlosen Tage
Im November
Enden in grauen Träumen.

TRAUM II

Mir träumte, wir beide gingen
Durchs Abendrot Hand in Hand.
Die Amseln zu flöten anfingen –
Wir lösten Schuh und Gewand.

Wir schlossen die Seelenbande
Und schauten erkennend uns an –
Im goldenen Abendglanze
Der Eine den Andern gewann.

Dann lagen wir selig im Grase,
Die Amsel im Abendrot sang –
Da schreckte in unsre Oase
Ein schroffer Donnerklang.

Wir rafften die Kleider und liefen
Schnell fort aus dem warmen Gras
Hinein in den Wald den tiefen,
Allda ich den Weg vergaß.

Da stand ich wehklagend allein,
Der Amsel Lied verklang –
Verlassen von dir voller Pein,
Mir war so todesbang.

Und als ich vom Träumen erwacht,
War mein Herz von Tränen so schwer
Um mich her drohte dunkel die Nacht –
Ich fand dich nimmermehr.

TRAURIGKEIT

Viel Zeit ist hingegangen
Seitdem du schiedst von mir,
Ich spür mit leisem Bangen
Dass ich dich nun verlier.

In der langen Trennungszeit
War meine Hoffnung wach
Auf unser beider Zweisamkeit
Trotz Weh und Ungemach.

Wenn die Zeit des Träumens kam
Tratst ein du oft bei mir,
Nahmst mich leise in den Arm
Als wärst du leiblich hier.

Ich konnte zu dir sprechen,
Davon wo wir gefehlt,
Den Fluch des Trotzes brechen
Nun völlig unverhehlt.

Wie wäre jetzt das Leben,
Wärst du noch hier bei mir?
Könnten wir uns vergeben
Beim Gehen in der Irr?

Meine Seele strecke ich
In Trübsal nach dir hin –
Immer mehr entfernst du dich
Aus meinem Aug und Sinn.

Dein Bild wird immer bleicher,
Ich sehe dich kaum mehr,
Auch deine Stimme leiser
Und meine Tage leer.

TREUE

Wenn ich am Abend schlafen gehe,
Denke ich an dich.
Wenn ich am Morgen früh aufstehe,
Denke ich an dich.

Wenn du am Abend schlafen gehst
Denkst du dann an mich?
Wenn du am Morgen früh aufstehst
Denkst du dann an mich?

Denke an mich, das gibt mir Mut
Denke an mich!
Dich spürt mein unruhvolles Blut –
Immer denke ich an dich.

VERGEISTIGT

Liebe braucht keine Berührung
Liebe braucht Einklang der Herzen
Liebe braucht Einklang der Seelen
Liebe braucht Einklang im Geiste.
Liebe braucht keine Berührung

VERGESSENE TRÄUME

(Spaziergang im Park)

Vergessene Träume
An süß beschwingte Düfte
Erster Liebe
Steigen mit dem Wohlgeruch
Des Jasmins herauf.

Vergessene Träume
An Gedichte und
Heimliche Blumensträußchen
Schweben über der
Blühenden Wiese.

Vergessene Träume
An ein Ruderboot mit zwei Menschen
Glänzen im wasserfunkelndem Gefieder
Des Schwanes
Der den stillen See befährt.

Nun tropft meine Zeit
In trübe Träume
Der Vergessenheit
Liebe der Jugend –
Verlorene Räume.

VERLASSEN

(Im Stil der Minnesänger)

Unter dem Apfelbaum
Wo ich mit meiner Liebsten saß
Sitz ich nun tränenvoll alleine
Träume den Liebestraum
Als sie den Apfel mit mir aß
Die Meine, die Holde, die Reine.
Die rote Seite gab sie mir
Und küsste mich dazu,
Dann aßen wir ihn mit süßer Begier.

Nachts kam ich gegangen,
Dort zu erwarten meinen Schatz.
Die lockende Nacht die war so süß,
Ich habe sie empfangen
An unserm stillen Lieblingsplatz
Liebselig zu schweigen sie mich hieß
So rot, so lieblich war ihr Mund
Ihr Blick umfing mich hold
Im Sternenscheine zur nächtlichen Stund.

Den Apfel brach sie mir
Und gab mir lächelnd einen Kuss
Die Amsel zur Nacht sang süß ihr Lied,
Der güldnen Sterne Zier
Sah küssen mich den zarten Fuß.
Mond hinter Wolken uns nicht verriet
Wie ich küsste den roten Mund
Löste ihr blondes Haar
Als wir beide schlossen den Liebesbund.

VERLASSENE LIEBE

im Volksliederton

Als alle Knospen sprangen
Hat mir ihr Mund gelacht,
Doch als der Herbst gegangen
Hat sie mich ausgelacht.

Mein Herze ist zerbrochen
Es klagt in bittrem Weh,
Ich möcht' am liebsten sterben,
Ertränken mich im See.

Da stand ein kleines Blümlein
Am Wegesrand bedrückt,
Sein Mündchen war so blutrot,
Ich hab mich schnell gebückt

Und hab das süße Blümchen
Geküsst auf seinen Mund.
Die Tränen sind getrocknet.
Da ward mein Herz gesund.

VERLIEBT

Der Tag ist wie ein Blütenstrauß
Und voll verheißungsvoller Träume
Das Herz voll Lenzessüße schwillt,
Iin süßem Drange quillt das Blut.

Und Rosenlicht wie Blut und Gold
Im Sonnenglanze schimmert
Hold süße Lieder wehen
Im Sehnsuchtsduft der Lüfte.

Die Sonne flammt noch goldener,
Das Gras sprießt reicher, grüner,
Und blauer wölbt der Himmel sich
Wenn froh das Herz in Liebe fällt.

VERLIEBT IN DICH

Ein Regenbogen überglänzt die Welt,
Bunte Schmetterlinge tanzen träumend
Über blühende Wiesen
Voll beseligender Düfte,

Von Musik ertönen die Sphären.
Tausend goldene Sonnenstrahlen,
Tausend süße Düfte
Umgaukeln die Träume –
Verliebt!

VERSÖHNT

Mein Gedenken an
Die leuchtenden Tage mit dir
Erhellen meinen Weg
Durch die Bedrückung des Daseins.

Mit Sonne umgeben sie
Meine grauen Tage,
Und meine dunklen Nächte
Mit einem Saum aus Sternen.

VOR ANKER

Ich möchte endlich ankern
Im Hafen ohne Wiederkehr,
Nie mehr aufs wilde Meer hinaus,
Nie mehr den Stürmen ausgesetzt,
Nie mehr allein und einsam sein.
Im Hafen still vor Anker gehen
Und Seit' an Seite ruhn – mit dir!

WENN LIEBE VERLÖSCHT

Langsam verebbt der Schmerz,
Wie müde kleine Wellen
Am Ufer still ersterben.

Nichts mehr von ihnen zeugt,
Spurlos sind sie verloschen –
Und dennoch haben einmal sie gelebt.

WEIßER MOHN

Die Nacht wohnt in den Bäumen schon,
Das Haus schläft traumversponnen.
Vor meinem Fenster weißer Mohn
Zu blühen hat begonnen.

Im Walde singt die Nachtigall
So zierlich ihre Weisen,
Ihr sehnsuchtsvoller Liederhall
Will mir das Herz zerreißen.

O weißer Mohn, o Nachtigall,
Schlafende Liebe weckt ihr auf
Mit Blütenschön und süßem Hall
Brechen alte Wunden auf.

Du weißer Mohn, o leuchte nicht
Mir so seltsam in der Nacht
Du sollst nicht ahnen, sehen nicht
Das mein Aug' in Tränen brach.

WER LIEBE VERLOR

Wer die Liebe verlor
Ist ein Haus ohne Fenster,
Ein Park ohne Vögel,
Ein Tag ohne Sonne.

Wer die Liebe verlor
Friert am wohligsten Feuer,
Hungert bei vollen Schüsseln,
Dürstet bei vollem Becher.

Wer die Liebe verlor
Gehe sie suchen
Im Haus seiner Seele
Im Herzen der Welt!

WIND MEIN FREUND

Wind mein unsichtbarer Freund, wehe meine Klagen
Auf deinen Flügeln weg ins Land der Namenlosen
Wo tiefe Seelenschmerzen keine Namen tragen
Und leis verblühen wie blasse Herbstzeitlosen.

Baum du mein starker Freund, verhülle meine Tränen,
Trage sie in deinem Blütenmeere weg von mir,
In deinen grünen Blättern sterben soll mein Sehnen
Dass all mein Herzenskummer sich in dir verlier.

Nacht meine sanfte Freundin, tilg aus meinen Zügen
Den Kummer den der Tag in mein Gesicht geschrieben
Und lösche aus die Ängste und das schwer Betrüben,
Setz an ihren Platz die Kraft zum Weiterlieben.

Mond du mein stiller Freund, gieß deine kühlen Strahlen
Auf mein heißes Herz und lösche aus den Höllenbrand
Des ungestillten Hungers meiner Liebesqualen
Und führe mich hinweg ins schmerzenslose Land.

WIR BEIDE

Wenn die Morgenwolke
Vor der Sonne errötet
Und der kühle Tau
Über die frischen Gräser perlt,
Wenn die Blumen
Ihre Kelche öffnen
Und die Vögel
Ihre Stimmen erheben,
Lass uns wandern
Über das Feld.
Dann will ich dir
Mein Herz schenken.

Wenn die Sonne
Das Kornfeld
In ihrem Golde badet
Und die Berge
Im Frühlicht atmen,
Dann will ich dir
Mein Herz öffnen,
Dann will ich dir
Ganz gehören.
Dann lass uns beide
Die Liebe anbeten.

YIN UND YANG

YANG
(das Helle, die Sonne, die Sonnenseite)

Erfüllt von dir waren meine Tage und Nächte
Beim Einschlafen und beim Erwachen,
Von goldenen Bildern betört,
Im Traum und im traumwandelnden Tag
War ich berückt von dir,
Nichts anderes hatte Raum
In meinem Glück,
So trunken war ich von dir –
Es gab keinen Raum für
Vertrauen oder Nichtvertrauen,
Es gab nur dieses Sein.
Meine Banner wehten in der Sonne
Und im Wind – Yang

YIN
(das Dunkle, der Mond; die Schattenseite)

Immer noch bin ich ganz erfüllt von dir –
Beim Einschlafen und beim Erwachen
Hat nichts anderes Raum,
Aber es wandelte sich mein Glück
In Trauer und Schmerz.
Wie Spinnweben haben sich
Kummer und Trübsal
Über mein Herz gelegt,
Über meine Tage und Nächte,
Über Traum und Alltag.
Grau und schlaff hängt mein Banner am Mast,
Und der Regen weint darüber hin – Yin

Yin und Yang – Im ewigen Wechsel.
Steigt Yin auf, so steigt Yang ab
Entfernt von einander wie die Pole
Der Erde, doch keiner möglich ohne den anderen.

ZEITLOS

Liebe kennt keine Zeit.
Zittrig schon Stimme und Glieder,
Grau und schütter das Haar
Und alle Lieben sind Schatten.

Doch Liebe kennt keine Zeit
Liebe kennt keine Schranken

Alle Lieben sind da
Wenn man sie ruft.
Alle Lieben leben in dir,
Sterben mit dir.

ZWEITE HÄLFTE

Dornen zerrissen meine Füße
Auf der Suche nach dir –
Bis ich dich fand,
Du mein Engel der Zärtlichkeit.
An den Rosen deines Mundes
Stillte ich meinen Durst,

Du stillst deinen Durst
Mit der Süße meiner Tränen.
Du kleidest meine nackte Seele
Mit deines Herzens Purpur und Gold
Und lässt mich Genüge
Finden bei dir.

Denn jede Seele sucht eine andere,
Weil sie alleine verloren ist.

Meine kleinen Brüder

AMSELN IM WINTER

Schwarzgeflügelte Sänger –
Boten des Paradieses,
Euer Gesang der lichten Tage
Traf uns mitten ins Herz.
Glockenreine Lieder fanden
Den Weg in unsere Seelen,

Aber im Frost des Winters
Zerbarsten die silbernen Glöckchen,
Hart griff der Tod mit eisiger Hand
Nachts in das Versteck der struppigen
Kahlen Hecken und würgte
Die seligsten Sänger des Frühlings.

BUNTE

Den letzten Schmerz in deinem Leben
Den fügte dir die Liebe zu,
Barmherzigkeit hat ihn gegeben –
Nun schlaf mein Tier in sanfter Ruh.

Die letzten Wochen deines Lebens
Die waren schon vom Tod berührt,
All unser Mühen war vergebens,
Wir haben seine Macht gespürt.

Krönung deines Lebens war der Tod,
Die letzte Qual hat sich erfüllt,
In leis verebbender Sterbensnot
Sich das Geheimnis dir enthüllt.

Du schläfst, doch schweift mein Blick in Wehmut
Hinüber zu dem Fliederstrauch.
Dort glüht ein Tropfen von deinem Blut,
Zittert ein Gras von deinem Hauch.

DER SPATZ

Bittend empor
Zum Gartentisch
Schauen erwartungsvolle
Schwarze Äuglein,
Eilig schießt der kleine Schnabel
Auf das hinabgebröckelte
Kuchenstückchen herunter,
Doch schon entreißt ihm
Ein anderer die Beute.

Soll es denn immer so sein,
Gilt in der Welt immer nur
Das Gesetz des Stärkeren?
Wann werden endlich
Eintracht und Liebe
Die Welt regieren?

Laute Kinder verscheuchen
Die zierlichen Tiere,
In grauer Spirale fliegen sie auf,
Wiedervereint.

DER SPATZ II

Sein schwarzes Auge lässt der Spatz vorm Bäcker
Flink überall herum gehn, seine Blicke
Haben Beute nur zum Ziel, eine dicke
Krume fiel hinunter, die deucht' ihm lecker.

Schon stürzt er nieder um das Ding zu haschen
Und es im Schnabel wegzutragen – schnell kommt
Vom Gartenzaun ein andrer Spatz, und dem frommt
Der Brocken gut, er will ihn selber naschen.

Das arme Spätzlein muss nun hungrig bleiben –
Lehre: Das Leben zwingt jeden zum Ringen,
Auch wenn er Frieden will, so muss er kämpfen

Und sich an seinen Artgenossen reiben,
Streiten oder Sterben – eins muss er zwingen
Will er seinen eigenen Hunger dämpfen.

DIE AMSEL

Die Amsel singt den Tag herbei
Mit seligsüßem Lied,
Bis brennendrot der Sonnenball
In zarten Schleiern glüht.
Sie musiziert mit weichem Schall
Und frohgemuter Kehle
Dem dumpfen Schläfer in die Seele,
Vor ihrer süßen Litanei
Der dunkle Rappe flieht.

Die Amsel singt die Birke wach,
Das Lied in Blatt und Wurzel dringt.
Die schlanken grünen Arme hebt sie
Froh dem jungen Tag entgegen
Und winkt den flinken Wolken nach
Die heiter sich am Himmel regen
Und schimmernd spiegeln sich im Bach.
Die Amsel aber freudig singt
Des Lebens trunkne Melodie.

Sie pfeift ihr Lied voll Zuversicht,
Folgt ihrem Ruf und zaudert nicht,
Ist ihres Schöpfers Kreatur.
Weit schallt es über Bach und Flur,
Zuletzt es in den Äther schwingt,
Als Sternenecho widerklingt.

Du Träumer heb dich auf zum Licht,
Wasch dir die Spinnen vom Gesicht
Und folg des Lebens heller Spur!

Die Drosophila und der Wein

Heut schenkt' ich einen Wein mir ein.
Ich bin nun zwar kein Zecher,
Trink selten einen Becher,
doch manchmal darf's ein Gläschen sein.
Kaum voll gegossen war das Glas,
da denke ich: Was ist denn das?
Im klaren goldnen Rebensaft
Den ich erwarb durch Arbeitskraft
Da badet eine Fliege!!
Doch wart, bis ich dich kriege!

Ich fand das wirklich unerhört,
die Fliege war vom Wein betört!
Jedoch der schöne goldne Wein
der war nun leider nicht mehr rein
indem in meinen Freudenbecher
fiel der ungebetne Zecher.
Die Fliege fischt' ich sofort raus,
Doch macht' der Wein ihr flott den Garaus!
Nach einer kurzen Trauerzeit
War ich zum Trinken nun bereit
Den Wein in dem die Fliege starb
Und leider jämmerlich verdarb.

Geschmeckt hat er mir nicht so gut
Weil eine Leiche hat geruht
In meines Glases Grunde
Doch da ich so gefühlvoll bin
Und die Fliege doch schon hin,
Leert' ich mein Glas auf dieses Wesen
Das vom Wein nicht konnt' genesen,
Trank auf ihr Wohl zu dieser Stunde
Und fühlte mich mit ihr im Bunde
Als Weinfreund, doch im Unterschied
Zu ihr sing ich jetzt dieses Lied.

Und die Moral von der Geschicht:
Übertreib das Trinken nicht!

DIE HUNDE VON VULCANO

Du schöner wuscheliger weißgezahnter,
du scheuer glattfelliger spitzschnäuziger,
du großer schwarzer mit dem warmen Goldblick,
und du kleiner hinkender skelettmagerer –

Spielend jagtet ihr zusammen dahin am Strande,
ruhend im Schatten am heißen Mittag,
hungrig zumeist, weil freundliche Touristen
nicht Nahrung für euch alle hatten –

Doch nun sind die Tage eurer Freiheit vorbei –
qualvoll zuende gehen wird euer einfaches Leben.
Herzlos eingefangen haben euch rohe Männer,
in Drahtkisten übereinander gestapelt

Ohne Wasser, schmachtend im finsteren Bauch
des weißen Touristenschiffes, doch ich sah euer Leid,
sah die Angst in euren Augen wüten
und stehe hilflos da im Angesichte eurer Not.

Die munteren Touristen oben auf dem Deck –
Sie ahnen nichts von eurer grenzenlosen Qual
da unten und wissen nicht, was euer wartet
in Neapel, dem stinkenden Moloch.

In Neapel, da wartet eurer der qualvolle Tod
von Menschenhand, aus bösem Geist geboren
von den Söhnen Kains, der seinen Bruder mordete.
Aber Gott sprach: Du sollst nicht töten.

GEZÄHMT

Er hält meinen Blick aus
Lang hat es gedauert
Bis er Zutrauen fasste
Meiner geduldigen Liebe
Sanftes Drängen
Brach endlich den Damm,
Leise löste die Liebe
Die alte Verhärtung,
Erweichte den Stein.

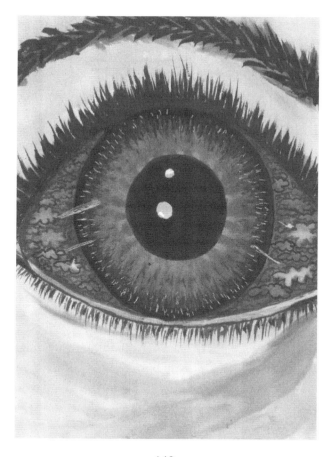

KÄFIGVOGEL

Sein sind zwei Flügel, großartige Schwingen
Blaugrau und rötlich, die in frohen Tagen
Weit über die Lande ihn hingetragen
Ehe die Häscher mit Täuschung ihn fingen.

Ein Nest baute er mit seiner Gefährtin,
Sie zogen die Jungen auf, vier an der Zahl.
Jetzt sitzt er im Käfig, gefangen in Qual,
Glanzlos das Gefieder, Leid trübt seinen Sinn.

Sein sind zwei Flügel, doch er ist gefangen,
Die kleine Brust wogt erregt und beklommen.
Den Käfig vermag er nicht zu bezwingen.

Sein schwarzes Auge ist von Schmerz verhangen,
Doch eines – eines ist ihm nicht genommen –
Die Stimme erheben kann er und singen!

KÄTE

Voll Leid war dein Sterben,
Der Tod brutal.
Dahinter Befreiung
Von aller Qual.

Leis rühret dein Fellchen
Ein feiner Hauch
Vom warmen Leib noch,
Mein Herz bebt auch.

Gebrochen die Augen
Die Seele floh –
O wüsst ich wohin!
Ich weine so.

Schlaf sanft mein liebes Tier
In stiller Ruh.
Mein Herz bewahrt dein Bild
Sich immerzu.

KATZENHERRSCHAFT

Ich sitze im Sessel, versuche zu lesen –
Er ist so spannend, der neue Roman
Da springt mein Kater, das traute Wesen
Mir auf den Schoß. Er miaut mich an.
Ich schiebe ihn weg, er faucht mich an,
Unwillig geht er.
Dann lese ich weiter in meinem Buch –
Der Kater liegt quer
Auf meinen Knien und macht sich schwer.
Ich schüttle ihn ab, er plumpst herunter.
Ich vertiefe mich wieder in meinem Roman.
Nach einer Minute springt er mich an
Und sitzt mir im Nacken. Ich leiste Widerstand,
Schiebe ihn weg und lese weiter in meinem Buch.
Da schlägt er mir fauchend das Buch aus der Hand!

KRÄHEN IM WINTER

Die Rabenkrähen sehen aus,
Als ob sie alle Friedrich hießen,
Sie harren im herbsten Winter aus
Und lassen sich's nicht verdrießen.

Der Ostwind zaust ihr Gefieder.
Sie suchen Speise unter dem Schnee,
Schütteln die frosterstarrten Glieder.
Vor Hunger haben sie Magenweh.

Ihr braven Vögel, so würdevoll
Wie ihr ist so mancher Mensch nicht.
Ihr seid feine Herren Zoll für Zoll
Die des Winters Not nicht zerbricht.

SCHMETTERLING

Wäre ich ein Schmetterling
Ich würde trunken leben,
Im süßen Sonnenschein
Von Blüt zu Blüte schweben,
Wenn Feinde drohend nahen
Da rollt ich mich zusammen
Und glich' der Baumesrinde,
Ich zeigte meine Schönheit nur
Dem froh beglücktem Kinde.

SCHWARZER KATER

Satter Bernstein, gereift in tausend Jahren
Abgeschiedenheit, loht blank aus schwarzem Fell.
Er gähnt und flieht in weite Fernen schnell
Um sein Arkanum vor der Welt zu wahren.

Die Seele, in sich selbst zurückgezogen,
Taucht ein in die Unendlichkeit des Kosmos,
Nach fernen Welten strebt sie bürdelos
Hinweg von Menschen, die ihn oft betrogen.

Doch manchmal, aufgetaucht aus stillen Weiten –
Zeigt sich in seinen Augen jene Stelle
Durch die offen man die Seele brennen sieht.

Dann will mein Blick jählings in seinen gleiten,
Und uns umschließt des Universums Helle,
Das seinen Bogen um uns Brüder zieht.

TIERBRUDER

Mein Bruder Ochse, trüb gehst du im Joch,
Erniedrigt tausendmal vom Menschen
Der sich erkühnt Herr über dich zu sein,
Tust du erzwingen deine Arbeit doch.

Augen blicken wie ein geschlagnes Kind,
Rötlich in warmen Tränen schimmernd.
Groß ist dein Leid, du armer Menschenknecht,
Du gutes, mit dem Stock getriebnes Rind.

Am Ende deines armen Knechtdaseins
Dir nur eine – deine Freiheit winkt:
Des Metzgers blinkender tödlicher Stahl.
Und kein lieber Gott wird dir nahesein.

TIERDRAMA

Am Ende der glänzenden Spur
Die tote Schnecke,
Ausgetrocknet, erschöpft gestorben.
Hoffnung, vom Regen geweckt
Die zum Wandern sie trieb
Über den rauen Weg.
Mutlos und zerschlagen
Blieb sie auf der Strecke.

TIERLEID

Frei geboren nach Gottes Plan
Sind alle Geschöpfe der Welt!
Platz für alle hat die Erde
Wenn Achtung sich zu Liebe stellt.

Schirmende Hände wollen wir
Über die kleinen Brüder halten,
Und mit ihnen allen zusammen
Eine reinere Welt gestalten.

TIERQUÄLER

Hörst du im Teich den Singschwan klagen?
Im Teich, in dem der Schrecken wohnt,
Wo Angst und Pein die Geisel schwingen,
Dort singt der Schwan sein Klagelied:
Was Tiere von Menschen erdulden.
Er singt davon, dass von Menschenhand
Sein Weib ihm wurde nachts erschlagen.

VIEHTRANSPORTE

Die stille lange Leidenszeit von Tieren
Die man in Lastwagen zum Schlachten schleift
Darin sie angst- und qualvoll vegetieren
Bis rohe Metzgerhand zum Messer greift

Und der Zeuge aufschluchzt nach dem Ende
Das schließlich abgekürzt das schwere Leid
Der Kreatur, die ausgeliefert in die Hände
Der Menschen, ihrer bitteren Gnadenlosigkeit,

Wird doch gerächt von einem höheren Gericht.
Und alle Tränen der Kälber und Schweine
Werden zu Perlen vor Gottes Angesicht,
Werden leuchten im himmlischen Scheine.

Die Friedenstaube ist müde

DER SCHÖNSTE TAG

Mein größter Tag – das war der Tag
Als Ost und West sich wieder fanden,
Als Freudentränenbäche flossen
In allen freien deutschen Landen,

Als seine Freiheit das Volk erzwang
Durch beharrlichen Widerstand
Und der Ruf „Wir sind ein Volk" erklang
Hochgemut im deutschen Land.

Bitter war deutsche Schuld gebüßt
In vielen Jahren der Volkesnacht
Weil Politiker uns Jahrzehnte
Um die ersehnte Einheit gebracht.

Doch fiel eine brennende Träne
Hinein in den Becher meiner Freude:
Der Mutter die traurig und mutlos starb
Gedachte ich beim Festgeläute,

Auf den Sturz der trennenden Mauer
Hoffte vergeblich sie Jahrzehnte,
Der Mauer, die die Familien zerriss
Und an die sie sich niemals gewöhnte.

FLÜCHTLING

Von den Wurzeln gerissen
Weggeweht
Treibt das Blattwerk dahin
Im wilden Sturm des Lebens
Flucht und Fremdheit

Zerrissenheit in zwei Teile
Die Wurzeln in der Heimat
Mit den Blättern in der Fremde,
Fremde
Die dich nicht wurzeln lässt,

Bist du zum Sterben verurteilt
Als ein nie Dagewesener
Der keine Spuren hinterlässt.
Aber das Sehnen bleibt
Bis du heimkehrst

Zu den goldenen Feldern
Deiner Jugend, und du lächelnd
Die Farben der Kindheit
In den Mohnblumen und
Kornraden wiederfindest.

FLÜCHTLINGSGESANG

Ich bin einer der alles verlassen hat,
Einer der alles verließ.
Auch von Gott verlassen ich bin.
Ich treibe dahin wie ein Ast im Meer
Die Wellen schleudern mich hin und her –
Her und hin.
Ich bin einer der alle verlassen hat,
Einer den alle verließen,
Ich habe mich mit meinen Wurzeln
Selbst aus der Erde gerissen.
Ich stehe im Regen der Einsamkeit,
Mein trockenes Brot ist von Tränen durchnässt
Und fluche der Anderen Selbstherrlichkeit.

Ich bin einer dem funkelt kein Stern,
Dessen Fuß im tückischen Moore steckt,
Der hilflos die Hände gen Himmel reckt,
Ich bin einer dem nichts und niemand hilft.
Ich ließ nichts zurück was mir nun fehlt.
Niemand gibt es der um mich sich quält –
Ein Ausgesetzter den die Heimat ausstieß.
Ich bin ein Nichts, ein Flüchtling
Den niemand willkommen hieß.
Wen erbarmt meine Not,
Wer gibt mir die Hand,
Wer reicht mir Salz und Brot
In diesem fremden verschlossenen Land?

FRIEDENSTAUBE

Müde ist sie geworden,
Die Friedenstaube.
Aufgestiegen aus Picassos Gemälde,
Flog sie rastlos rund um die Welt.
Die weißen Federn verlor sie
Im scharfen Wind des Krieges,
Das Licht ihrer Augen
Brannten die Bomben aus.

Sie fand nicht die Wasser des Friedens
Zu löschen den Durst der Aufrichtigen,
Nicht das Korn der Versöhnung
Zu stillen den Hunger der Friedfertigen.
Begleitet von den Seufzern der Trauer
Umkreist sie vergeblich die Erde
In all den Jahren
Unermüdlichen Mühens.
Müde ist sie geworden,
Die Friedenstaube.

FEIGHEIT

Ich kenne
Du kennst
Er kennt
Sie kennt
Es kennt
Wir kennen
Ihr kennt
Sie kennen

Das Unrecht die Lüge
die Missetat den Verrat
den Treuebruch
das Quälen das Morden

Ich schweige
Du schweigst
Er schweigt
Sie schweigt
Es schweigt
Wir schweigen
Ihr schweigt
Sie schweigen

Zum Unrecht zur Lüge
Zur Missetat zum Verrat
Zum Treuebruch
Zum Quälen zum Morden

GETEILTES LAND

Lange wohnt das Heimweh
In den Augen der Ausgestoßenen,
Ihre Trauer strömt aus der Haut,
Ihre Seelen frieren
In der Kälte der Fremde.
Lang irrten sie um die Mauern,
Die Mauern ohne Tore, niemand
Kam heraus oder hinein.
Niemand hörte die stummen Schreie
Aus dem Dunkel.
Aber die Vulkane schliefen nur scheinbar.

STALINGRAD

Für meine Großmutter A. Sch.

Geschützdonner zerbrüllt tosend die Luft,
Das Schlachtfeld gleicht einer eisigen Gruft,
Vor Stalingrads Toren wütet der Tod,
Und die jetzt noch leben, haben kein Brot.

Verstummt sind die Vögel, es heult der Sturm,
Es stapeln die Toten sich auf zum Turm.
In Russlands Luft pestet Leichengeruch,
Auf der blutnassen Erde liegt ein Fluch.

In Russland sie die Söhne verscharren–
Die Mütter zu Hause gramvoll harren
Der Feldpostbriefe die nie mehr kommen,
Der Väter Herzen schlagen beklommen –

Wer segnet die Gräber, wer wird beten
Für die Toten die im Schnee verwesen?
Wer weint um die geopferten Heere
Die starben auf dem „Felde der Ehre"?

Wer weint um die zerschossenen Pferde,
Die starben auf gefrorener Erde,
Deren Sterbeseufzer zum Himmel drang,
Wer dankt ihnen für ihren Opfergang?

Manches Jahr ist vergangen seit dem „Sieg":
„Vier Söhne ohne Spur verweht im Krieg!"
So hörte ich der Großmutter Aufschrei,
Die alten Füße schleppten schwer wie Blei,

Die guten Augen brannten leidensschwer,
Sie hoffte ständig auf die Wiederkehr.
Gott strich ihr vier Söhne im Lebensbuch,
Doch noch immer ist es ihm nicht genug,

Noch immer tönt der schaurige Kriegsruf,
Dröhnt die Erde von des Schlachtrosses Huf,
Immer noch weinen Kinder und Mütter,
Sterben Söhne im Kugelgewitter!

HOLOCAUST DENKMAL

Ein Baum wie aus Tränen und Glas,
Das Mahnmal des Holocaust ragt.
Jedes Blatt ein Zeugnis vom Hass,
Jedes Blatt nach Sühne uns fragt.

Im Hofe der Synagoge
Die Blätter leis klingeln im Wind
Ein Schaudern – wie eine Woge
Die rot über die Herzen rinnt.

Was Menschen durch Menschen litten
Weht eisig vom Mahnmal uns an.
Die Namen der Toten blicken
Vom Baume wehklagend uns an.

KRIEGSENDE 1945

Trocken war das Brot meiner Kindheit
„Blut" heulten die Sirenen nachts
„Töten" sagten die Bomben
„Hunger" sagten die Zwangsarbeiter,
Die im faulenden Haufen Schweinefutter
Nach Essbaren suchten
„Angst" sagten die Augen meiner Mutter,
Als der Blockleiter mit dem Brief kam
Gelbgrün leuchteten die Phosphorpfeile
Nachts an den untersten Hauswänden.
Aber himmelblau leuchteten die Vergissmeinnicht
Am leise plätschernden kleinen Bache
Und süß sangen die Vögel im Garten
Am 8. Mai 1945.

KRIEGSGESCHEHEN

Die Erde ist getränkt von Blut und Tränen
Es herrscht die graue Leere der Verzweiflung,
Bomben und Tod kommen vom Himmel,
Zitternd verzehren die Menschen ihr karges Brot,
Verzehren es weinend in Angst und Schmerzen.
Wer nie sein Brot in Tränen aß, wer nie die
Kummervollen Nächte im Bombenkeller saß,
Der kennt euch nicht, ihr Henkersknechte.

KRIEGSMÜHLEN

Die Kriegsmühlen mahlen ohne Ende
Soldaten Waffen und Weltenbrände.
Wollt ihr das Blut des Lebens schon
Wieder achtlos gießen in den Sand?
Ist all das Mühen der Menschen vergebens
Die schützen wollen das Leben, das Land?

Wer spricht das Wort, wer gebietet Halt
Der blutigen Fehde, der rohen Gewalt
Dem frevlerischen Völkermord
Dem Gieren nach des anderen Habe?
Und was vom Krieg zu halten ist
Erzählt uns der Gefallenen Klage.

An allen Weltenden sinnlose Schrecken
Brennen und Morden in allen Ecken
Wir opfern das Heute dem Morgen
Die Völker schlagen einander tot
Stürzen zusammen in Elend und Not
Und wer zum Kriege die Trommel rührt
Ist ein Verbrecher, vor Menschen und Gott!

POLITIKER

Sie teilen Erde, Himmel und Meer
Und sogar die Luft mit dem Schwerte.
Schon wieder wird die Pflugschar zum Speer.
Gottes Zorn liegt schwer auf der Erde.

Doch Ares bricht in Gelächter aus.
Auf Heißung von Pallas Athene
Erneut streut Königssohn Kadmos aus
Des erschlagenen Drachens Zähne.

Die Drachenzähne werden zum Heer,
Satan kocht die Menschen im Blute.
Politikerworte hallen leer.
Weh! Es schwingen zu viert die Knute

Die Apokalyptischen Reiter.
Der Mörderpilz schwebt über der Welt,
Tod und Verderben ernten weiter.
Sonne bescheint das blutige Feld ...

NAHOST

Sie sagen Auge um Auge, Zahn um Zahn
Und werden mit bösen Worten nicht quitt,
Sie zerfleischen einander im blinden Wahn,
Ruchlos ein Bruder den andern zertritt.

Ihr Hass schraubt zu hoher Spirale sich auf
Bis die Kraft stirbt dem verhetzten Volke,
Blut färbt das Land rot, und die Sonne im Lauf
Bedeckt sich mit hochtürmender Wolke.

Dann stehen die feindlichen hassentstellten
Brüder auf stinkender Leichenkette,
Den rauchenden Trümmern, feuererhellten
Hohläugigen Resten reicher Städte.

Mit leeren Händen, verschlossenen Ohren
Hör'n sie nicht das Wimmern vom Totental,
Halten die Nasen zu, die irren Toren,
Vor dem Gestank der Leichen ohne Zahl.

Dann kommt der Tag des Friedens ohne Lieder,
Die edlen Städte sind zerbombt und tot.
Vom Himmel regnen Göttertränen nieder
Und Kinder suchen in der Asche Brot.

Wann werden aus Hassenden Verzeihende,
Wann setzt das Leben Liebeswaffen ein,
Wann werden aus harten Herzen weinende,
Wann endlich lieben sich Abel und Kain?

NEUJAHR 2017

Schicksal liegt über dem Lande,
Schicksal liegt über der Welt.
Still sind Straßen und Plätze,
Kein lauter Freudenruf mehr gellt.

Wohin ist das frohe Feiern
Das gestern trunken gemacht
Und all der freudvolle Jubel
Der bunten Silvesternacht?

Schicksal liegt über Deutschland,
Schicksal liegt über der Welt.
Hoch ziehen Sterne die Kreise
Am mystischen Himmelszelt.

Was hält es für uns in Händen,
Das neugeborene Jahr?
Mir ist so bange, ich ahne
Mein Vaterland ist in Gefahr!

Der Himmel beschütze dich,
Mein Land, du Land meiner Sprache
Und alle die dich lieben vor
Der Hasser gottloser Rache!

Ach würden die bunten Funken
Der Neujahrsnacht unseren Weg
Durch das neue Jahr begleiten
Und erhellen manch schwanken Steg!

Nutzt man es gut, ist ein Jahr viel,
Ein verprasstes ist verloren.
Drum wollen fassen wir neuen Mut
Und handeln nicht wie die Toren!

Wir fordern viel vom neuen Jahr
Doch wollen wir kämpfend erringen
Zu füllen es mit Lebenskraft:
Mit Gott wird es uns gelingen!

TAG DER EINHEIT

Für meine Mutter

Am dritten Oktober neunundachtzig
Haben bewegt wir Sekt getrunken,
Vor dem Brandenburger Tore einig
Hat das Volk mit Fahnen gewunken.

Es läuteten alle Kirchenglocken,
Brausender Jubel klang durch das Land,
Auf der Zugspitze wie auf dem Brocken
Haben die Freudenfeuer gebrannt.

In Berlin und im ganzen Deutschland
In Strömen Freudentränen flossen,
Millionen nahmen sich bei der Hand
Und haben den Segen genossen.

Aber ich unter Jubel und Lachen
Gedachte der Mutter mit Wehmut,
Der das Herz die roten Schergen brachen,
Die der Teilung Deutschlands stets geflucht

Und geharrt und gehofft unter Tränen
Der Einigung Deutschlands Jahr für Jahr,
Das Ost und West sich möchten versöhnen –
Doch sie starb darüber im weißen Haar.

Deutschlands Frühling ist ihr Frühling nicht mehr
Sie brachte ihr Herz zum Opfer dar –
Und ihr altes Deutschland ist es nicht mehr –
Es wird niemals mehr sein wie es war.

VOLKSTRAUERTAG

Die ihr Leben lang trauern
Werden noch trauriger sein,
Klagen still hinter Mauern
Im herben Verlassensein.

Ihr Herzblut ist verronnen,
Vergossen das warme Blut,
Der süße Liebesbronnen
Wich salziger Tränenflut.

Ihre Toten verschollen,
Kein Stein trägt ihre Namen
Zerstörte Jahre rollen –
Niemals sie wiederkamen.

WARTBURG

Deutscheste aller Burgen
Zum Rummelplatz verkommen
Geschnatter in aller Völker Zungen
In deinen Mauern das ganze Jahr
Thüringer Rostbratwürste, Broiler
Esel, Shops voller Kitsch.

Herr Luther komme bald
Peitsche den Pöbel hinaus
Damit Elisabeth die Vertriebene
Wieder einziehen kann

Und die Minnesänger
Zurückkehren und friedlich
Wetteifern in ihren
Schönen Künsten

Und alle deutschen Sterne
Wieder leuchten –
Der Blick ins Thüringer Land
Frei schweifen kann.

WIEDERVEREINIGUNG

Zum 3. Oktober 1989

Braust daher, ihr Jubelchöre,
Braust, erweckt das ganze Land
Auf das jedes Ohr es höre
Wie ein Volk sich wiederfand!

Nicht der Feinde hartes Drängen,
Nicht die Not hat dich entzweit –
Aus des Greifen harten Fängen
Hast du selber dich befreit.

Niemals wieder sollen Mauern
Unser deutsches Volk zerspalten!
Deutschlands Einigkeit wird dauern
Wenn wir treu zusammenhalten.

Den Völkern auf dem Erdenrund
Eine Perle sollst du sein
Den guten Willen tue kund
Der Friedensfackeln heller Schein.

Blühen sollen Recht und Freiheit
Unserm Deutschen Vaterland!
Leb in Frieden, Wohlstand, Einheit,
Leih der Weltnot deine Hand!

Im Kranze des Jahres

ABENDDÄMMERUNG

Leise nähert sich die Nacht,
Sanft senkt sich die Stille nieder.
Venus strahlt in klarer Pracht,
Alle Sterne singen Lieder

Auf des Schöpfers große Tat
Die sich offenbart im Dunkel.
Ringsum duftet Wiesenmahd,
Traulich winkt das Sterngefunkel.

Hoch vom Turm die Glocke schwingt,
Füllt die Luft mit dunklem Wohlklang,
Heilsam Abendruhe bringt.
Stillschweigt süßer Vogelsang.

Schwälbchen unterm Scheunendach
Zwitschert zärtlich halb im Schlummer.
Heimlich murmelt fern der Bach,
Trägt dem Meer zu deinen Kummer.

Tages Gold zerflossen schon,
Friedsam ist die Abendstunde,
Trägt im Schleier Schlafes Mohn,
Silberglanz hält sie am Bunde.

Mondhell wird die ganze Welt
Zu der altvertrauten Stunde –
Ich bin allem beigesellt
Friedlich in des Himmels Runde –

ADVENT

Die Zukunft ist uns ungewiss,
Im Leiden seufzt die Menschheit
Unter vielerlei Betrübnis
Und fällt in dunkle Traurigkeit.

In diese sorgenschwere Zeit
Herab in unsre Herzensnacht
Stürzt heut ein Glanz von Seligkeit,
Ist uns ein Segensstern erwacht.

Der wandert hell am Firmament
Und schenkt dem Sucher sein Geleit,
Er will verbinden was uns trennt
In unsrer Schicksalseinsamkeit.

Sanft weist er zur Krippe nieder
Wo ein Kind uns ward geboren,
Engel jauchzen Jubellieder,
Weil es rettet was verloren.

Wir wollen des Lichtes Segen
Von Herzen dankbar empfangen
Und leuchtend es weitergeben
Bis alle zum Heil gelangen.

Am Kranze brennt das erste Licht,
Es duftet süß im Raum der Tann.
Im Herzen regt sich Zuversicht –
Nun fängt Advent zu blühen an!

ALTWEIBERSOMMER

Still schwimmen hinunter die Tage
Im Sehnsuchtsflusse September.
Blatt um Blatt fällt vom Kalender
Von der Zeit sachtem Flügelschlage.

Herbst streift gemächlich über die Welt,
Wirft sein buntes Tuch auf den Wald.
In blauer Luft zitternd verhallt
Seiner Flöte Moll über dem Feld.

Ligusterhaag ist eingesponnen
In viele Silbernetze zart,
Dahlien prunken mit stolzer Art,
Bunte Astern nicken versonnen.

Am Abend wandeln Menschen einsam
Über raschelnde Blätter hin.
Blass wehen Bilder durch den Sinn –
Fließen hinunter unaufhaltsam.

Nun da der Sommer zur Neige geht,
Möchten wir bange ihn halten.
Die Hörner im Wald schon schallten
Und Reif ging nachts übers Rosenbeet.

Zagend fragt deine Seele dein Herz
Ob der Winter wohl schon so nah?
War nicht eben der Frühling da,
Lachte nicht eben noch jung der März?

Rasch die letzten Ähren gelesen,
Schnell die letzten Blüten gepflückt,
Nach den letzten Beeren gebückt
Eh Winter naht mit rauem Wesen,
Eh der Tod auch deine Blüte knickt.

AN HÖLDERLINS GRAB

Nahe der betriebsamen Straße,
Dicht bei der Friedhofsmauer
Träumt unter grünem Efeu
Der Götter Liebling,
Ruht in heiligem Frieden
Der keuscheste deutsche Dichter,
Beschützt von der Robinie
Grünen tröstenden Händen.

Nicht von der Welt vergessen,
Pilgert von ferne doch vielerlei Volk
Zu der Ehrfurcht gebietenden Stätte,
Spüren die Menschen schweigend
Dem erhabenen Geiste Hölderlins nach
Der den alten Grabstein umweht,
Spüren den Worten nach, die –
Vom Dichter geschrieben,
Voll Verehrung in den Stein gemeißelt
Von kundiger Hand
Der alte Stein zu den Pilgern spricht.

Friedrich Hölderlin, einsamer Genius,
Er, der Götter gesegneter Liebling.
Reicher kehren ins Leben zurück
Die ehrerbietenden Menschen
Von dieser heiligen Stätte.

AUGUSTSONNE

Mit glühender Zunge leckt
Die stechende Sonne
Wollüstig den Saft des Lebens
Aus Gräsern und Blumen,
Ihr heißer Fuß zertritt den weichen Asphalt.

Schon lassen erschöpfte Bäume
Krank und ausgemergelt die Zweige hängen.
Unrettbar zu Tode gequält
Verdorren die Geschöpfe des Ackers
Durch ihr fressendes Feuer.

In auswegslosen Tümpeln
Mordet und würgt sie die im
Schlamme hilflos zappelnden Tiere,
Trinkt in vollen Zügen
Wasser aus Bächen und Seen,
Schont nicht die um die letzten Tropfen
Lebensrettenden Wassers kämpfenden
Fische und Larven,
Frisst sich gierig in die lebendige Scholle,
Die klagend zerbirst in hart klaffende Stücke.

Täglich zieht sie mit frecherem Brand
Ihre todbringende Bahn,
Bis alle besiegt sich ihr ergeben,
Hilflos verdorrt in quälendem Durst.

Hilfreich ziehende Wolken
Schlürft begehrlich die Gewaltige aus,
Nicht sie den durstigen Äckern gönnend.
Gnadenlos schlachtend und schlingend
Kennt die Augustsonne kein Erbarmen,
Bis ihre brüllenden Kräfte endlich erlahmen
Und mitleidige Wolken das Land erlösen.

Zum Himmel erhebt dann das Land seine Seele
Voll Dank an die gütigen Wolken.

181

BIRKEN IM REGEN

Die Birken singen im Regen,
Das Lied tönt so wunderbar.
Sie neigen die sanften Häupter,
Es rauscht durch ihr grünes Haar.

Sie singen leise vom Sommer,
Vom Himmel so hoch und blau
Und träumen von Blumendüften
Auf lieblicher grüner Au.

Die Birken singen im Regen
Vom murmelnden Quell zumal,
Von sonnenbeglänzten Feldern
Und frohen Kindern im Tal.

Die Birken singen im Regen,
Durch ihr grünes Haar er rauscht.
Aus den Wolken schauert Kühle,
Der Hahn auf dem Turme lauscht.

Die Birken träumen im Regen
Von der Welt so hell und weit,
Von Wärme, Sonne und Blumen,
Von Liebe und Seligkeit.

Nun will ich ein Zweiglein pflücken
Das sich zum Himmel hoch reckt
Und trotzend im kalten Regen
Die Hoffnung wieder erweckt.

BLÜHENDE HECKENROSEN

In diesem Blütenmeere lebt
Ein zartes Elfenvölkchen,
Gar heimlich und verhuscht es schwebt
In duft'gen Rosenwölkchen,

Schlüpft in rosa Seidenröckchen
Zwischen Blüten hin und her,
Wippt kess mit den goldnen Löckchen,
Nascht die süßen Rosen leer.

Rühren an sie schmetterlingsfein,
Küssen die Knospenmündchen,
Trinken vom Heckenrosenwein
Jede ein Viertelünzchen.

Im Blütenblättergekräusel
Da singt und klingt es leise
Von feinem Stimmengesäusel
Zart wie Glasharfenweise.

Aber wenn hinter den Wolken
Die Sonne gähnt und sich reckt –
Husch husch! Gleich haben die Holden
Sich unter Rosen versteckt,

Tun ihre Sternenäuglein zu
Und schlummern in der Hecke
In stiller Rosenelfenruh
Bis Vater Mond sie wecke.

Das holde Spiel hebt wieder an
Der Elfen mit den Rosen,
Bis endet mit der Sonne Bahn
Das Küssen und das Kosen.

BLUMENTESTAMENT

Die Ähren im Kornfeld erahnen
Des Schnitters tödliche Sense.
Sie haben den Ruf schon gehört
Und erzittern im Ahnen des Todes.

Hart von des Schnitters rauer Hand
Die lieblichen Kornraden und
Mohnblumen fallen mit ihnen
Dem unerbittlichen Tode anheim.

Doch schon im Sterben vertrauen
Die Blumen ihre Samen gläubig
Der heiligen Mutter Erde an,
Dass sie verwalte das edle Erbe.

BLUMENZWIEBEL

Beschützt von guter Erde
Die Zwiebel schlief
Den langen Winter
Traumlos und tief.

Ein Sonnenstrahl kam
Und wärmte ihr Beet,
Die Zwiebel erwacht,
Gähnt herzhaft und steht

Gleich auf einem Bein,
Schiebt ein spitzes Blatt
In die Frühlingsluft
Geschmeidig und glatt.

Dem gefällt es gut
In Wärme und Glanz.
Die Brüder folgen
Zum Frühlingstanz.

Die Königin kommt
Mit goldener Kron
Narzisse strahlend
Steigt hoch auf den Thron.

Sie lacht dem Frühling
So hell ins Gesicht
Nun singt er sein Lied
Nun klingt sein Gedicht!

DUFTENDE HYAZINTHEN

Hyazinthen duften wieder
Sehnsuchtsvoll bei Nacht,
Süßberauscht sind meine Lieder
Davon aufgewacht.

Aus den rosa Glöckchen leise
Zart im Sternenschein
Klingelt eine feine Weise
Wundersam im Hain.

Ihre sinnenschwülen Düfte
Machen schwindelsüß,
Tragen in die Lenzeslüfte
Tausend Liebesgrüß.

In dufterfüllter Frühlingsnacht
Glänzt wie Edelstein
Tau in der Blütenfülle Pracht
Weich im Mondenschein.

Hyazinthenblüten tragen
Seelen leicht wie Duft
Aus den schweren Erdentagen
In die Himmelsluft.

DER SOMMER GEHT

Der Sommer rüstet sich zum Aufbruch,
Legt ab den holden Rosenkranz
Der abgewelkt mit Faulgeruch
Verlor längst seiner Anmut Glanz.

Die Vöglein sammelt er um sich her,
Schickt sie in das Land der Sonne,
Und zu den müden Blumen spricht er:
„Ruht nun in des Schlafes Wonne."

Zum Abschied lässt er Sternchen fallen
Und weiße Seidenfahnen wehn,
Die Donnerstimme laut erschallen,
Streut Gold aus im Vorübergehn.

DER STRAUß

Trauervoll sieht er mich an,
Viele Augen treffen mich
Schuldbewusst senk ich den Blick,
Meide seiner Augen Bann.

Sorgsam hatt' ich ihn gepflückt,
Meine Freud' an ihm war groß
Weil sein Duft und Farbenspiel
Herz und Auge mir entzückt.

Unter seiner Augen Spiel
Wurde schnell mir eines klar:
Pflücken durfte ich ihn nicht,
Denn durch mich sein Leben fiel.

Jetzt steht er verwelkt vor mir
Um sein Lebensziel geprellt
Abgeblüht ist all sein Charme
Opfer meiner dreisten Gier!

DEZEMBERNACHT

(in Erinnerung an den Sturm Lothar)

Seine finstere Vorhut schickt Wodan voraus
Auf schnaubenden dampfenden Rossen
Von rasenden Peitschen getrieben,
Dann nahet er selber mit Krachen und Heulen
Auf seinem achtfüßigem Rosse Sleipnir
Und der Boden erzittert unter den
Feurigen stampfenden Hufen,
Seine Wölfe und Raben um ihn her
Und seine finsteren Mannen.
Die Gefallenen vom Schlachtfeld sammeln
Ein die Walküren, nach Walhall sie zu geleiten.
Im grimmen Zorne schleudert der oberste
Der nordischen Götter
Häuser und Bäume hinweg
Und der Völker Schar zittert vor ihm.

Verhülle dein Antlitz kleiner Mensch,
Ins Auge schauen darfst du nicht dem
Furchtbarem Gotte, der fünfhundertjährige
Eichen im Augenblick wie Streichhölzer bricht
Und hinwegstößt alles was dem finsteren
Todesgott missfällt,
Denn am Ende jedes Jahrtausends zeigt
Der oberste Gott der Walhalla
Die ewige Macht der Götter.

DIE SEELEN DER BLUMEN

Wunderbare Wesen
Verströmt eure Seelen
Verhaucht euren Geist
Verklärt im paradiesischen Duft.
Über der Wiese
Schwebt er in Wolken,
Umschwebt den Träumer.
Geliebte der Luft
Verklärte der Welt
Entrückt die Blumenseelen
Im Duft hinweggetragen
Vom zärtlichen Winde
Ins All.

EINSICHT

Welken ist das Los der Blätter
Nach des Sommers schönem Spiel,
Nach des Jahres buntem Wetter
Sterben ihres Lebens Ziel.

Braune Blätter taumeln müde
Langsam durch die stille Luft,
Leben das sie einst durchglühte
Sinkt hin in die Modergruft.

So bin auch ich in Gottes Welt
Nur ein müdes welkes Blatt
Das tot vom Weltenbaume fällt –
Ausgedörrt und sterbensmatt.

Trost darf in der Seele keimen
Aus der Trauer dunklem Born
Aus dem Staube wird uns scheinen
Gottes Liebe unverlorn.

DISTELKRIMI

Die blühende Distel freute mich sehr
So oft aus der Haustür ich trat.
Prächtig und stark stand sie solitär
Am schmalen Gartenpfad.

Sie wuchs und gedieh und blühte schön –
Ich sah mit großem Entzücken nach ihr.
Im Morgentaue sah oft ich sie stehn,
Sie neigte froh grüßend die Blätter zu mir.

Aufrecht und edel stand sie da,
Mit lila Blüten fein geschmückt.
Ihr ganzes Wesen sprach freudig ja,
Sie war vom herrlichen Leben entzückt.

Sehr gastfrei die hübsche Distel war,
Viel Kostgänger kamen und gingen.
Doch allgemach ging hin das Jahr
Und bald schon viele Kinder hingen

An Mutters wohltätigem Schoß.
Ungestüm drängten sie ins Leben hinaus –
Denn Natur bestimmt aller Kinder Los.
Doch der alte Mann im Nachbarhaus

Meinte es mit ihnen nicht gut,
Er hat schön Distel ausgerissen,
Die Samen verbrannt und voller Wut
Die Pflanze in den Müll geschmissen.

Ach! Wie wuchs sie herrlich am stillen Ort!!
Aber die Dummheit brachte sie um –
Jetzt ist für alle Zeiten sie fort.
Sie schrie nicht im Sterben, sie litt stumm.

Groß war mein Leid um die schöne Gestalt.
Ihre Kinder erträumten im Wind sich zu wiegen,
Ins Leben hinaus wollten sie fliegen bald
Und am schönen Ort sich ins Erdreich schmiegen!

EINZUG DES TAGES

Aus fernen Weiten naht der Tag heran,
Den Horizont hinab drängt er die Nacht.
Mit vollen Segeln bringt er seine Fracht
Ans Erdenufer, ankert flink sodann.

Die Düsternis zerbricht er mit der Hand,
Der rosenfingerigen, springt von Bord
Und wischt der Träume blaue Schleier fort.
Schon steht die Welt im lichten Rosenbrand!

Aus allen Kehlen klingt des Lebens Lied
Und weckt die nachtgezeugten Kräfte auf,
Von der Lebensflamme heiß durchzittert

Das große Wunder wieder neu geschieht.
Die Furcht der Nacht nun Hoffnung wittert,
Im Sturmwind nimmt das Leben seinen Lauf.

FELDMOHN

Mohnblumenknospe –
Zerknitterte rote Seide
Quillt aus grünem Samt
Wie Schmetterlingsflügel
Aus der Puppe,
Wie ein buntes Tuch
Aus dem Ärmel des Zauberers.

FINALE

Duftende Süße liegt auf den Gärten,
Leis vom schmeichelnden Winde erregt
Der Bäume grünes Laub sich bewegt,
Schelmisch erhaschend die Blattgefährten.

Im Frühling traten sie sieghaft ans Licht,
Den schützenden Hüllen entsprungen,
Vom Glanze der Jugend durchdrungen,
Drängten rasch vorwärts voll Zuversicht,

Sind den Launen des Himmels ergeben,
Beugen sich unter Regenschauern,
Tarnen sich hinter Nebelmauern,
Recken frisch sich den Winden entgegen.

Jählings enden die reizenden Spiele
Der Blätter mit Windhauch und Schatten.
Bald erbleichen Bäume und Matten,
Abschied und Tod sind des Herbstes Ziele.

Gerollt über den Himmel viele Mal
Ist die Sonne, und hinabgetaucht
Abends, doch bald grauer Nebel raucht
Und der Herbstwind sichelt die Bäume kahl.

GÄRTNER

Nun ist es Zeit:
Senke du die Tulpen und Narzissen
Ins herbstlich-kalte Erdreich,
Vertraue sie getrost dem Winter an
Und sei gewiss:
Sie alle blühen zur Frühlingszeit
Wie Menschen ins Grab gelegt
Aufstehen von ihren erdenen Kissen
Wenn sie gerufen werden
Vom Herrn der Jahre und der Ewigkeit.

GARTENCAFÉ IM REGEN

Von nassen Bäumen tropft der Regen
Hinab auf alte Gartentische,
Lampen stehen einsam an den Wegen,
Sonnenschirme trauern in der Nische.

Doch gestern waren frohe Menschen hier,
Ihr Lachen hängt noch in den Zweigen
Wie bunte Lampions aus Papier
Und drehten lustvoll sich im Reigen.

Nun liegt die graue Wehmut auf dem Ort,
Ein vergessnes Glas steht auf der Mauer
Und nasse Zweige raunen leis das Wort
Vergänglichkeit – nichts war je von Dauer.

GARTENIDYLLE

Weiße Clematis umweht das Fenster
Tastet zart rankend hinauf.
Träumerisch lodert im Mittagslicht
Die Rosenschar um das Haus.

Braune Bienen umsummen die Beete
Fleißig sammelnd des Nektars Süße.
Im Busche schweigen die Vögel
Atmend in süßer Ruhe.

Umfangen von holdem Müßiggang
Verborgen von dichter Hecke
Ruhig im Frieden des Gartens
Der Alte denkt seines Lebens.

GARTENFEST

Jahr um Jahr im Garten freudig wächst ein Dost,
Im Märzen seine ersten Spitzen leben.
Wächst lachend, weil der Frühling mit ihm kost,
Im Sommer wird's ein großes Fest hier geben.

Wenn Erntemond die Felder golden kleidet,
Dann ist es Zeit nach meinem Dost zu sehen,
Wenn er bescheiden seine Blüten breitet
Gibts hier ein köstlich Schauspiel zu erspähen:

Geheimnissvolle unsichtbare Boten
Schickt er mit seinem Atem in die Ferne:
„In meinem Hause wird ein Fest geboten!"
Die flügelflinken Gäste kommen gerne.

Weit der Gastwirt zieht die Ballsaaltüre auf
Und ungezählte Festesgäste kommen,
Seine rosa Dolden umgaukelnd zuhauf,
Können vom Nektar nicht genug bekommen.

Viel glitzerbunt schimmernde Sommergäste,
Bienchen, Admirale und der Schwalbenschwanz –
Sie alle drängeln zu dem großen Feste,
Umschweben den edlen Gastgeber im Tanz.

Nach Begrüßen und Tanzen kommt dann das Mahl,
Köstliche Speisen hält der Wirt schon bereit.
Süß fließt in Strömen der Nektar im Festsaal.
Sind alle zufrieden, dann wird es bald Zeit

Zum Dank tanzen sie dem Wirt ein Menuett,
Verneigen sich artig Bienchen und Falter.
Galant singen zwei Käfer noch ein Duett,
Die dicke Frau Hummel liest aus dem Psalter.

Der Sonnenball sinkt schon, sie müssen gehen,
Pfauenaugen, Schwebfliegen mit frohem Ton,
Sie sagen sich alle Aufwiedersehen,
Schwirren schweben gaukeln fliegen schnell davon.

GEHEIMNIS

Du Samenkorn in meiner Hand,
Was will aus dir nur werden?
Der höchste Baum auf Erden?
Ein allerliebster bunter Tand?

Du flogst mir im Gewitter zu,
Ich fing dich auf in meiner Hand.
Der Wind blies dich aus fernem Land –
Dich kleines unscheinbares „du"!

„Ich setz' dich in die Erde ein,
Will täglich dich begießen.
Zwei gute Freunde woll'n wir sein,
Mag in mein Herz dich schließen.

Noch kenne ich dein Wesen nicht –
Wirst Gänseblümchen oder Baum?
Ein großes Rätsel steht im Raum!
Ob mich wohl bald dein Stachel sticht?"

Und so begann ein holdes Spiel
Vom Mädchen und der Pflanze
Die bald erstrahlt in jungem Glanze –
Die Pflanze neckt das Mädchen viel,

Dieweil sie ihr Geheimnis wahrt.
Mit jedem Tag die Spannung steigt
Wann endlich sie die Blüte zeigt
Und sich dem Mädchen offenbart.

Die Knospe rundet langsam sich
Ein Zipfel Farbe zeigt sich schon
„Wirst du wohl gar ein roter Mohn?
Mein Blümchen ach wie freu ich mich!"

Ein schlanker Stängel aufwärts spross
Von feinen Blättchen zart umrankt
Ein rotes Köpfchen schüchtern dankt
Mir dafür dass ich's täglich goss.

Geöffnet sie sich bänglich hat –
„Gefalle ich dem Mädchen auch?"
Sie bebt im kühlen Morgenhauch
Und hüllt sich in ein grünes Blatt.

„Ob mich das Mädchen pflücken will?"
Erzitternd sich die Blüte fragt
Und große Angst die Kleine plagt
Gelähmt hält sie vor Grausen still.

„Mein Blümchen, wachse wie du musst!
Du sollst dein Dasein leben
Gott hat es dir gegeben,
Nun blühe dir und mir zur Lust!"

HEILIGABEND

In stillem Glanze schweigt die Stadt,
Alle Straßen froh geschmückt.
Weil Gott sein Kind gesendet hat,
Ist die Christenheit beglückt.

In des Domes hohem Raume
Feiert man die heil'ge Nacht,
Licht am grünen Hoffnungsbaume
Duftet süß der Kerzen Pracht.

Orgeltöne auf und nieder
Brausen jubelnd durch den Raum.
Alle Menschen spüren wieder
Weihnachtsglück als sel'gen Traum.

Heiligabend sind die Herzen
Rein wie frisch gefallner Schnee,
Heiligabend leuchten Kerzen
In der Seele dunklem See.

Heiligabend macht vergessen
Woran manche Seele krankt,
Wie von Weh die Welt zerfressen.
Kind, Erlöser, dir sei Dank!

HERBSTKLAGE

Der Wind streut die Blätter der Rose,
Noch eben schön zur Blüte vereint –
Klagend mir vor den zögernden Fuß.
Ahnt die Rose vom Blumenlose?

Geräuschlos sinkt Blatt auf Blatt hinab.
Ihre fünf Kelchblätter blicke ich an,
Verstehend alsbald: Der Herbst beginnt,
Frau Sommer ergreift den Wanderstab.

Mag auch des Sommers Blüte bleichen,
Mag uns der Kuckuck Abschied rufen,
Wir leben in der Zukunftshoffnung
Und des Daseins göttlichen Zeichen.

HEITERES POEM

Ein Kirschenbaum im Garten stand
Mit reifen Kirschen, wohlbekannt
Nicht nur den Amseln und den Staren
Die des Gartens Herrscher waren,
Nein, Krähen und viel Elstern auch
Verlangten mit Kirschen sich zu füllen sich den Bauch.

Sie fielen in Scharen drüber her und dabei
Machten sie ein großes Geschrei.
Und weil ein lauter Zank entstand
Wurde es auch Herrn Meier bekannt.
Er schoss mit der Flinte unter die Meute,
Die erschrak gar sehr und ließ die Beute

Fallen und stob erschreckt davon.
Herr Meier aber griff zum Telefon
Und rief sogleich die Tante an.
Die erschien auch eilends auf dem Plan
Mit Leiter und Körben und pflückte sogleich
Die Kirschen ab auf einen Streich.

Ja, süße Kirschen die Welt verleiten
Sich laut und böse um sie zu streiten,
Und dieweil der Hader in Atem sie hält
Die Beute dem Dritten in die Hände fällt.
Moral: Hast du einen Schatz gefunden
Sollst du's lautstark nicht bekunden
Weil er, so ist der Lauf der Welt –
Anderen auch gut gefällt!

HERBSTNACHT IN DER PLATANENALLEE

Die Herbstnacht hüllt sich in wechselnde Schatten,
Weiden hängen Zweigfahnen hin in den Wind.
Die strahlenden Sterne wollen ermatten,
Zwischen Traum und Wachen Norne Schicksal spinnt.

Im Sturm singen der Platanen Wipfel,
Im Tanze berühren sie sich gelinde.
Wispernde Blätter sich küssen im Gipfel,
Nachtfrost knistert in der silbernen Rinde.

Rohhändig greift Sturm nach dem Vogelneste,
Wolken tanzen spiegelnd auf Neckars Wellen.
Nebelfetzen wogen wie Geistergäste
Wenn Mondstrahlen sie zauberisch erhellen.

Verlassen stehen die Bänke am Wege.
Geheimnisvoll atmet der Park in der Nacht.
Eintönig plätschert der Neckar am Stege.
Mir ist, als ob Hölderlin dichtend jetzt wacht.

HERBSTZEITLOSEN

Blasse Augensterne bewachen den Himmel,
Steil empor recken sich die kränklichen Blüten,
Widerstehen dem nahenden Schlaf der Natur,
Wehren sich gegen Ächtung und schauernde Nacht.

Immer öffnen sie gierig die lichten Kehlen
Um letztes mildes Sonnenlicht einzusaugen,
Doch sie zeugen daraus tödliches Verderben.
Entsetzlich zu nutzen wusste es Medea,

Damals an den dunklen Gestaden von Cholchis,
Verzweifelnd mordend ihre Kinder mit dem Gift
Das euch innewohnt, blässliche Herbstzeitlosen,
Spätgeborene der sommermüden Wiese.

Untergang steigt aus dem erschauernden Erdreich
In eure todbringenden Wurzeln und Blüten
Als die letzte düstere Gabe des Jahres.
Schaf hüte dich vor den tückischen Herbstaugen!

HEUERNTE

Alle Blumen werden fallen
Von des Schnitters rauer Hand,
Alle Wiesen widerhallen
Ringsumher im ganzen Land

Von der Sensen hellem Klange.
Manches Blümchen sterben muss,
Manchem Tiere ist jetzt bange
Vor der Sense Todeskuss.

Doch das Leben, das verloren
Kehrt verwandelt uns zurück.
Jeder Duft wird neu geboren,
Jede Form bringt neues Glück,

Denn Natur legt unaufhörlich
Neu des Lebens Mosaik
Ohne Unterlass, beharrlich
Unter Gottes Vaterblick.

HOCHSOMMER

Goldene Stunden tropfen
Süß in den Tag,
Klarblaue Ferne
Weckt herzwehes Sehnen.

Brennende Farben sengen
Sich ins Gemüt,
Paradiesschöne Früchte
Locken die Sinne.

Zierliche Elfen tanzen
Selig ins Licht,
Trunkene Schmetterlinge
Küssen die Luft.

Selige Lieder sternen
In goldgrünen Bäumen,
Spätrote Rosen glühen
Duftend dahin.

IMMERGRÜN

Geheimnisvoll gerufen
Im März von der Kohlmeise
Schlägt es zwischen verwesendem Laub
Die strahlenden Blauaugen auf.
Im grünen Gewirr
Seiner klammernden Ranken
Fühlt es am erwachenden Erdreich
Den Herzschlag der großen
Mutter Gäa.

JUDENKIRSCHE

Judenkirsche winkt flammend
Herüber vom Blumenbeet
Nickt mit den roten Glocken,
Sie weiß dass der Sommer geht.

Judenkirsche trägt in sich
Verborgen in ihrem Schoß
Ein köstliches Geheimnis
So rund und rot und groß.

Halte auch du dein Herze
Verschlossen fest vor der Welt,
Das deine edle Perle
Nicht vor die Säue fällt!

KLATSCHMOHN

Nickende Blüte im Sonnenwind
Grüßt keusch vom Rande des Ackers.
Rotes Köpfchen, sonnendurchglüht
Auf haarigem Stängel,
Dunkles Auge voll Schlaf
Sieht träumend mich an.
Die Reife des Sommers
Saugend aus Mohnblütenschalen
Sinke träumend ich nieder am Wege.
Und alles taucht ein
In Wärme und Gold
Und klarblaue Schleier der Liebe.

KREISLAUF

Als Haselnuss einst fandest du
Den Weg vom Ast zur Erde
Und sprossest auf in guter Ruh.
Gott sprach zu dir sein "Werde"

Nun bringt dein Leben reiche Frucht
Aus der Erde warmen Schoß
Die heitre Sonne hast gesucht:
Aufzustreben ist dein Los.

So lebt der Nussbaum ewig fort
Verjüngt in seinen Erben
An dieser Erde schönem Ort
Bis an der Welt Verderben.

LEICHTER ALS LUFT

Ein duftiger Primelteppich schmückt
Schimmernd den Boden des Waldes,
Weithin leuchtend durch Buchengrün
Mit lichtem Glanz er die Welt beglückt.

Ihr Waldprimeln, duftige Anmut,
Sanfte Reinheit zum Licht erweckt,
Eure strahlende Herrlichkeit
Erfüllt den Laubwald mit Lebensglut!

Meine Augen am Himmel streifen
Der Wolken milchweiße Wolle
Und sattgelber Sonne Leben
Gebirge und Täler ergreifen.

Leichter als die Luft der Märzenflur
Dahin schwebt mein volles Gemüt –
Frühling, nicht nur in Wald und Feld
Schimmert mir deine goldene Spur!

MÄRZWEHEN

Den letzten Seufzer tut der Winter,
Märzwind drückt ihm die Augen zu.
Der Lenz steht silberjung dahinter
Und gönnt dem Alten seine Ruh.

Wohltätig war er für die Pflanzen,
Sie schliefen gut in seinem Arm.
Jetzt schiebt Narzisse ihre Lanzen,
Die Tulpe naht mit steifem Scharm.

Herr Krähe trägt den Halm zum Neste,
Die Amsel stimmt den Jubel an
Und alles rüstet zu dem Feste
Das mit des Winters Schlaf begann.

Es schreitet forsch des Lenzes Heerschar
Hin über Berge, Tal und Feld,
Und wo sie schreitet, rein und klar
Strahlt blütenbunt die ganze Welt.

MARGARITENWIESE

Bei Tag emporgereckt die Köpfchen,
Der süßen Sonne zugewendet,
Auf hohen grünen Stängeln tanzend
Im leichten Streichelwind des Maies,

Des Nachts im Mondenscheine aber
Habe ihr Geheimnis ich entdeckt:
Ich fühlte ihre Träume weben
Auf dufterfüllter Waldeswiese,

Geheimnisvolle Elfenwesen
Sah ich mit ihnen scherzen, kosen,
Ein jedes Margeritensternchen
Umarmt von einer zarten Elfe!

Das war ein Kichern und ein Singen
Im Mondenscheine auf der Wiese!
Doch heut die Kleinen stehen leidend,
Ein Gewitterregen sie fast erschlug.

Ich höre feine Stimmlein weinen
Auf der Blumenwiese im Walde.
Aber morgen stehn sie wieder froh
Auf ihren hohen grünen Beinchen,

Rücken zurecht ihr Strahlenmützchen,
Ordnen die grünen Blätterkleidchen
Und wiegen sich im Maientanze,
Scherzen mit zarten Elfenmädchen.

MONDLICHT

In Gartenbäumen hängt die Nacht.
Mondlicht atmet Silberhauch,
Spinnt zart mit seiner Zaubermacht
Netze übern Rosenstrauch,

Stürzt in tausend Perlen nieder,
Zittert leis im kleinen Teich.
Weckt mir ungesungne Lieder,
Rührt mich an so seltsam weich.

Mondlicht zaubert Silberblüten
Zückend auf betautes Gras.
Wo am Tage Rosen glühten,
Schimmern Blumen nun aus Glas.

Dort die stolzen Lilien brennen
Totweiß in des Mondes Strahl.
Ach, die Lilienseelen kennen
Auch das Wort: Eswareinmal.

MORGENZAUBER

Der Nebel liegt sanft über dem kühlen Teich,
Seine Ufer umstehen Trauerweiden
Wie trinkende Tiere, die Mähnen gleiten
Nieder ins Wasser, das verschleierte Reich.

Die Mondknospe schwindet, der Sonne weicht sie
Und nimmt im Entfliehen die Sterne mit sich
Auf Zehenspitzen – beinahe unmerklich
Entschwinden sie blass in die Himmelsmagie.

Die Herrin klimmt strahlend die Stiege empor,
Ihre goldenen Augen sprühend vom Tau
Im duftigen Festgewand tragend das Blau

Des reinen Morgens, und im Arme Rosen
Weckt sie die Vögel mit küssen und kosen
Und jubelnd erklingt der vielstimmige Chor.

MOHNBLÜMCHEN

Ein kleines Glück am Wege blüht:
Ein Pflänzchen Lebenslust versprüht,
Mohnblümchen tanzt im Sommerwind,
Schwingt herum die roten Schleier,
Voll Wonne strahlt das Blumenkind,
Zum Tanze zupft der Wind die Leier.

Auf dem schlanken Stängel schwebt es
Bestrickend schön, blutjung und kess
Und schaut mich schelmisch lächelnd an.
Mit seinem holden Angesicht
Zieht es mein Herz in seinen Bann,
Denk länger meiner Mühsal nicht.

Flink eine Liebelei begann,
Mit Augenspielen fing es an!
Zum schmeichelweichen Sommerwind
Wirbelnd im leichten Schleiertanz
Wiegt sich für mich das Blütenkind
Im flammendroten Seidenglanz.

Der Tag verging mit Tanz und Spaß,
Blümchen auf seinem Stängel saß,
Doch nachts kam die Gewitterflut,
Riss ihm das feine Tanzkleid ab,
Zerstört mein Blümchen voller Wut –
Mohnblümchen sank hinab ins Grab.

Am Morgen lächelt neu Aurora,
Der Stängel doch verwaist steht da.
Mit grüner Hand winkt er mich her.
Voll Gram hab ich ihn angesehn.
Mein rotes Blümchen ist nicht mehr,
Doch lässt er eine Kapsel wehn!

Gewitter konnte ihr nichts tun,
Schön blinkt ihr feines Krönchen nun,
Die Kapsel tanzt grazil im Wind,
Verstreut die Saat, die wird zu Pflänzchen,
Das süße Spiel von vorn beginnt:
Mohnblümchen wiegen sich im Tänzchen …

MUTTER GRAS

Bescheidene Pflanze
Klaglos im Ertragen
Bist du Vorbild
Für zähen Fleiß,
Ausdauer Geduld
Und Bescheidenheit,

Sind deine Tugenden
Höher als die
Der Menschen
Die dich verachten,
Älteste Pflanze
Der Erde.

Mutter Gras
Bedecke mich freundlich
Mit deinen im Winde
Zitternden Halmen
Wenn ich einst mich lege
An deine Brust.

NACHTGEHEIMNIS

Die Nacht singt trauersüße Lieder,
Es fällt ein leises Raunen
Und ein geheimes Staunen
Im Bann der Dunkelheit hernieder.

Auf leisen Sohlen wallt der Vollmond
Mit seiner weißen Herde,
Das Glück und Leid der Erde
Zu hüten wie er stets gewohnt.

Die Nacht singt trauerdunkle Lieder,
Die Rose bebt am Strauche,
Es zittern leis im Hauche
Die lilienweißen Augenlider.

Des Menschen Seele schlägt die Flügel
Und schwingt sich zu den Sternen
In stille blaue Fernen,
Lässt unter sich die Leidenshügel

Und trinkt die sanften Harmonien
Entrückter Geister Reigen,
Im sel´gen Dunkelschweigen
Möcht endlos durch den Äther ziehen,

Sich retten vor des Tages Ballast
Und dem Verfall der Liebe,
Der Herrschaft böser Triebe,
Befreien sich von Last und Unrast.

Klag weiter deine dunklen Lieder
O du seelenwunde Nacht,
Herrschaftszeit der dunklen Macht,
Bald kehrt der helle Morgen wieder.

NATUR UND MENSCH

Ich bin in Nöten
Wer hilft mir heraus?
Hilfe zu suchen
Ging ich hinaus.

Ich frage den Wald:
Wald hilfst du mir?
Der Wald gibt zur Antwort:
Wie du mir so ich dir.

Ich frage das Wasser:
Wasser hilfst du mir?
Das Wasser gibt Antwort:
Wie du mir so ich dir.

Ich frage das Land:
Land hilfst du mir?
Das Land gibt zur Antwort:
Wie du mir so ich dir.

Ich frage die Tiere:
Tiere helft ihr mir?
Sie geben zur Antwort:
Wie du uns so wir dir!

OSTERFEUER

Das Osterfeuer ist erwacht,
Vom Berge brennt es lichterloh.
Zerborsten ist des Winters Macht,
In schnellem Lauf bergwärts er floh.

Die Flammen ergreifen das Holz
Es knistert, raschelt und singt.
Sie lodern empor voller Stolz,
Hochauf der rote Funke springt.

Das Osterfeuer – frische Kraft
Symbolisch bringt es uns zurück
Es springt das Blut voll Leidenschaft,
Erfüllt das Herz mit Hoffnungsglück.

Vom Feuer alle sind berührt
Und hell erklingt ein frommes Lied.
Das Walten Gottes jeder spürt
Wenn nächtens er vom Feuer schied.

Als spät das Feuer ausgebrannt,
Ein Aschenhaufen übrig blieb.
Und mancher hat für sich erkannt:
Vom Leben ihm nur Asche blieb.

REGENBOGEN II

Still liegt das Land, der Regen schweigt.
Scheu hinterm grauen Wolkentor
Blassfahl ein Sonnenstrahl sich zeigt.
Rasch steigt ein bunter Reif empor,

Aus des Lichtes sieben Farben
Schwebt hoch über dem Gefilde
Sprühend hell in Lichtergarben
Gläsern bunt ein Traumgebilde.

Regenbogen überm Tale steht
Als hätte Gott ihn selbst gebaut.
Über den Steg ein Engel geht,
Andächtig Gottes Wunder schaut.

REGENBOGEN IM FRÜHLING III

Ein Regenbogen beugt seinen bunten Stab
Lächelnd über das starre Land hinab,
Und wo er die keusche Erde berührt
Sogleich sich's darunter vielfarbig rührt.

Winterling, Blauveilchen, Schlüsselblumen
Drängen hervor aus der Erde Krumen,
Im kahlen Buchenwald leuchtet es helle:
Die Buschwindröschen sind schon zur Stelle.

Sie schauen aus tausend Augen mich an
Und lächeln leise und wissend sodann
Weil im Walde sich regt lustvoll und zart
Des Frühlings holdselige Gegenwart!

Ein winziges Pflänzchen zum Leben sich müht
In meinem Herzen, in meinem Gemüt
Und schwillt und setzt duftende Knospen an:
Das hat der Frühling, der Frühling getan.

Wie es zu singen und klingen beginnt
Und über die Seele lustvoll mir rinnt,
Fühl ich mein Leben von Fesseln befreit,
Mein Herz schlägt in seliger Frühlingszeit!

ROSENKNOSPE

Rote Rosenknospe,
Lockende Verheißung
Bist du,
Morgen schon öffnest
Du dich ganz,
Zeigst dich in voller
Rosenschöne.
Doch in drei Tagen schon
Gleichst du dem
Frauenmund
Der wehmutsvoll
Das Alter
Nahen fühlt.

ROSENSTOCK IN DER NACHT

Mein weißbehängter Rosenstrauch
Süß duftet in der Sommernacht,
Der Mondschein webt der Blütenpracht
Ein schimmernd Kleid aus Nebelhauch.

Leis wispern die weißen Blüten
Vom wunderbunten Schmetterling
Der heut am Rosenstrauche hing
Und alle Röslein hold erglühten.

Vom Balsamduft der Liebe schwer
Die kleinen Rosenherzen sind,
Es trägt ihn lind der Schmeichelwind
Hinweg weit über Land und Meer …

Der weißbehängte Rosenstrauch
Im Mondenscheine duftend steht.
In meine stille Kammer weht
Von fern sein wehmutssüßer Hauch.

SEPTEMBERELEGIE

Zart hält September in den Händen einen Kranz
Von späten Rosen, Dahlien und Astern,
Das himmelblaue Kleid geschmückt mit Silberglanz,
Die Stirn umschwebt von Wölkchen alabastern.

Es gleicht September einer wunderbaren Frau
Die prunkt in ihrer reifen Weibesschöne,
Doch trägt sie schon in ihrer Augen hohem Blau
Melancholie, ihr Mund raunt Abschiedstöne.

Das Wissen dass auch reinste Schönheit welken muss,
Das Leben und die Liebe lichtschnell fliehen,
Im unerbittlich schnellem dunklen Schicksalsfluss
Unaufhaltsam ins Rätselhafte ziehen,

Lässt uns Menschen zwischen Glück und Wehmut wanken.
Es wehrt das Herz sich, will die Welt nicht lassen.
Doch Gott setzt über Glück und Elend seine Schranken,
Im Scheiden darfst du seinen Mantel fassen.

SOMMERMORGEN

Gemächlich der Morgen erwacht,
Sein Hauch durch die Dämmerung weht.
Es flüstern die Blumen im Beet
Von seligen Träumen der Nacht.

Sie räkeln sich auf ihrem Stiel
Und saugen die Morgenluft ein.
Schon fliegen die Bienen feldein
Und treiben ihr emsiges Spiel.

Die schliefen in klammkalter Nacht
Im Stocke wärmend verbunden
In guter Hut viele Stunden
Vom Mond und den Sternen bewacht.

Die Sonne kommt rötlich herauf
Und küsst mit dem liebreichen Mund
Die Blumen im blühenden Rund.
Nun schöner Tag nimm deinen Lauf!

SOMMERNACHTSZAUBER

Im dunklen Garten singen die Rosen
Ihre Duftmelodie in die Nacht,
Die Sterne droben, die schicksalslosen,
Bezeugen Gottes ewige Macht.

In blauem Glanze schläft die Erde,
Von Mond und Sternen still bewacht,
Unruhig zieht die Wolkenherde
Hinhastend durch die Sommernacht.

In dieser sternenstillen Pracht
Verwehen Schmerz und alle Leiden
Die schwer den kranken Tag gemacht –
Zag regt die Hoffnung sich bescheiden.

Doch rätselvoll und unverstanden
Hoch ziehen Sterne ihre Bahnen.
Wissen sie wie unsre Herzen brannten,
Können sie die Liebe ahnen?

SOMMERWIND

Der Wind blättert scherzhaft in der Weide,
Kost spielerisch ihr graugrünes Haar,
Sie gibt sich hin, so verschmelzen beide
Zu einem tanzenden Liebespaar.

In ihren schmalen Blättern fingert er
Im anmutsvollen Liebesmühen
Und wendet leis schmeichelnd sie hin und her
Bald silbrig blinkend, dann wieder grün.

Beim Gaukeltanze von Weide und Wind
Raunt er flüsternd goldene Lügen
Dem unter dem Baume spielendem Kind,
Denn Sommerwind liebt das Betrügen.

SPÄTSOMMER

Der Sommer brennt zu Ende,
Erschöpft ist die Natur von ihrer Leidenschaft,
Aufseufzend nach dem Eifer seiner Tage
Will langsam er zur Ruhe gehen.

Die Farben flohen aus dem Garten schon,
In sattes goldnes Grün getaucht ist alles.
Beflügelt bringt der Sommer seine Garben,
Treibt rastlos der Vollendung zu.

Geschenke macht er uns in Fülle
Und holde Liebesgaben locken.
Im Taumel letzter brennender Extase
Trinken wir den Krug des Lebens aus.

Wie zart ein Lächeln lebt auf deinem Mund,
Schwebt Sommers Poesie durch grüne Gärten,
Und wie der Wein sich windet um die Stange,
So schlingt mein Denken sich um dich.

STERBENDER FALTER

Totermattet liegt der Falter auf den Fliesen,
Müdgetaumelt gegen Fenster
Die ihm die klaren Lüfte vorgegaukelt
Und ihn nicht mehr fliehen ließen.

Behutsam mit dem Glase fange ich ihn ein
Und gebe ihm die Freiheit wieder,
Dass noch einmal hell auflodert die Flamme
Seines Daseins, er noch einmal sieht den Sonnenschein,

Er noch einmal taumelnd aufsteigt in die Lüfte
Hinauf zu letzter süßer Reise,
Vor dem Fall ins Leere
Er noch einmal atmet ein der Blüten Düfte.

STURMNACHT

Mit grausigem Gebrüll durchtobt der
Sturm des späten Herbstes Sterbensnacht.
Entfesselt sind die finstersten Gewalten der Natur,
Hervor bricht der Götter zürnende Rache
Und die stolzen schwarzen Wolken jagen
Gleich Wotans achtfüßigem Rosse Sleipnir
Am zerrissenen drohenden Himmel dahin.

Kleiner Mensch sei bange um dein Haus,
Nicht mehr ist es die sanfte Wiege
Deiner süßen nächtlichen Ruhe.
Es stöhnt und knirscht das alte Gebälk,
Vom Dache herab mit berstendem Krachen
Zerschellen am Boden die Ziegel;
Schauerlich heult es im Kamin.

Aus tausend Schlunden zugleich zischt
Ein richtendes verdammendes "Wehe" hervor!
Manch stolze Eiche, die fest gegründet schien,
Muss heute Nacht den entfesselten Gewalten
Sich ergeben, doch am kommenden Morgen
Wird wiegen sich unversehrt
Das dem Sturme trotzende bescheidene Gras.

STURZFLUT FRÜHLING

Holdselig junges Leben
Bricht aus der Erde Schoß.
Wo dein Blick sie trifft
Wachen Träume auf.

Sturzflut Frühling
Ich will treiben in dir,
Meine Träume dir mit auf
Die Reise geben.

Wenn du den Baum berührst
Neigt er sich lächelnd hinab
Und lässt sich willig verwandeln
In eine blühende Wolke.

Wenn du die Erde küsst,
Explodieren vor Glück
Tausend bunte Blumen
Auf ihrer Haut.

Wenn du dem Menschen
Dein Lächeln schenkst
Tanzt er dahin im
Schritte der Liebe.

Sturzflut Frühling
Ich will treiben in dir
Meine Träume dir
Mit auf die Reise geben!

TULPEN

Die seidigen Köpfchen
Beim scharfen Schnitt des Messers
Furchtsam geschlossen haltend,
Wissen sie nicht,
Dass sie tot sind
Und wachsen weiter
In der wassergefüllten Vase.

WINDIGER TAG IM WALDE

Es tanzen die schlanken Tannen im Winde,
Von vielen Jahren in Dur und in Moll
Der sanften Waldwesen so hoheitsvoll
Erzählt ihre graubraun schimmernde Rinde.

Die heiteren Tannen tanzen im Winde,
Die Stämme sich wiegen und biegen,
Die Wipfel aneinander sich schmiegen
Und zierliche Äste schwingen gelinde.

Sie werfen tanzend ihre Samen nieder
Und werden tausend Jahre fortbestehn,
Sie flüstern vom Werden und Vergehn,
Sie rauschen und raunen des Lebens Lieder.

WINTERLAST

Ernst, mit schweren Schwingen
Fliegt die Krähe übers Dach.
Wintermüde ist ihr Flug.
Durch die zähen Nebel dringen
Hohle Rufe einsam nach –
Aus der Ferne pfeift ein Zug.

Sonnenwarme Tage sind
Blasse Schemen nur
Und des Herbstes reiche Frucht
Längst verzehrt – schwermütig klagt der Wind,
In der trüben Unnatur
Man des Lebens Spuren sucht.

Schwer der Krähe Flügelschlag,
Hungrig tönt ihr harter Schrei
Durch den todesmatten Morgen.
Das wird heut ein schwerer Tag!
Und der Nebel grau wie Blei
Kündet uns von Not und Sorgen.

Frühling, ach du liegst so weit,
Fern in einem andern Land!
Unsre winterwehen Tage
Martern uns noch lange Zeit,
Doch aus Gottes Vaterhand
Wir sie nehmen ohne Klage.

ZUGVÖGEL

Klare Septembertage –
Gesellige Stare
Künden das Sommerende,
Sammeln sich schwätzend im Hain,
Rufen vorbeiziehenden
Schwärmen zu,
Verbinden sich ihnen
Zu geselliger Fahrt.

Die Botschaft
Meines Herzens an deines
Rufe ich ihnen zu,
Im Heben und Sinken
Der rauschenden Schwingen
Wird sie davon getragen.

Ich werde da sein
Wenn sie wiederkehren
Auf wendigen Fittichen
Und mir deine Antwort
Signalisieren mit der Sprache
Ihrer Schwingen,
Mit Steigen und Senken,
Landen und Ruhen.

ZUM 1. JANUAR

Ein neues Buch der Ewigkeit ist aufgeschlagen,
In klarem Weiß erstrahlt die erste Seite heute
Die wir mit Gott zusammen zu beschreiben wagen.
Und alle Sterne stimmen an ihr Festgeläute.

Noch glänzt uns aus den Fernen Glaube, Liebe, Hoffen,
Die starken Kräfte harren in der Unendlichkeit,
Noch hält das neue Jahr uns seine Türen offen,
Es kann noch alles werden zwischen Raum und Zeit.

Wir wissen nicht, ob künftig Sturmwind in den Blättern weht,
Wir wissen nicht, wenn einst das Buch wird zugeschlagen –
Was auf den Seiten stehen wird, wenns Jahr zu Ende geht,
Doch wollen wir mit reiner Schrift uns an das Schreiben wagen!

Glänzend weht durch mein Erinnern

ALTES KINDERFOTO

Ein Stück Vergangenheit ist eingefangen –
Wie lieblich lacht der kindlich-rote Mund!
Der Kindheit Süße liegt hold auf den Wangen –
Wie wonnig weich der Ärmchen süßes Rund!

Vergangenheit – sie lebt in diesem Bilde
Und wandelt plötzlich sich zur Gegenwart,
Nur schöner noch betrachtet mit des Alters Milde
Und Alters Nachsicht, die kein Trug mehr narrt.

AM ENDE DES LEBENS

Nun bin ich betagt und immer noch töricht,
Töricht mein Herz und voll Verlangen,
Und weiß doch dass vergangen der Blüten Prangen.

Denn was der Frühling des Lebens nicht brachte
Und mir auch der Sommer nicht gab,
Erträumt doch das bebende Herz bis zum Grab.

Die Rosen verdarb ein später Frost,
Vorbei sind Tändeln und aller Scherz.
Der kalte Nordwind schneidet ins Herz,

Reißt barsch die letzten Blätter vom Strauch.
Das Herz nicht mehr hoffen und lieben kann,
Das Blut nicht mehr heiß in den Adern rann,

Das Spiel und Tändeln der Jugend ist aus,
Drum nimm deinen Stab und wende dich dann
Hinan zum himmlischen Vaterhaus.

BIRKENLIED (I)

Einst pflanzt ich eine kleine Birke
Mit einem Menschen, der war mein.
Begraben hab ich was ich liebte,
Die Mitte meines Seins.

Der Liebsten Lippen sind versiegelt
Für alle Ewigkeiten.
Durchs schale Dasein trag ich nun
Die tote Last verlorenen Glückes.

Was gibt mir nun das Leben noch?
Vorbei! Es starb mein Herz mit dir.
Allein muss ich den letzten Teil des Weges
Gehen – den allerletzten ohne dich.

Das Leben ging zu Ende für uns beide,
Die dunkle Gruft ist aufgetan
Und auf den schwarzen Sarg hinab
Warf ich ein welkes Birkenreis.

BIRKENLIED (II)

Lang wanderten wir zusammen
Einträchtig beide Hand in Hand.
Nun schieden sich unsre Straßen –
Du zogst in ein anderes Land.

Oft gingen wir wirre Wege
Hinauf und hinunter ins Tal,
Klommen zu steilen Felsen auf,
Süß ruhten wir so manches Mal.

Wir kämpften uns durch Eis und Schnee,
Wir küssten uns unter Birken,
Sahen den Sonnenball sinken
Und lauschten der Grille Zirpen.

Heut lieg ich allein und weine,
Mein Lieb liegt in der dunklen Gruft.
Die Birke hat ihr Laub verstreut,
Ringt kahle Äste in die Luft.

DAS NEST

Am stillen Feldweg eine Birke trauert,
Des holden Frühlings kann sie sich nicht freuen,
Lässt ihre Blätter betrübt sich verstreuen,
Das kranke Laub gelbbraun zur Erde schauert.

Die Birke klagt einsam im Frühlingswinde:
Ihr Vogelpaar kam von der Reise nicht mehr.
Das Liebesnest in ihren Zweigen blieb leer…
Der Regen bleicht ihre silberne Rinde.

Sag, wo ist geblieben das zwitschernde Paar?
Vielleicht kommt es wieder im künftigen Jahr?
Das leere Nest zerzaust der Regenwind,

Mein Bäumchen steht wehmütig und tränenblind
Ohne Junge im Neste kummervoll hier.
O Birke, es geht mir genauso wie dir!

DER TOD

Wenn dich dein
Glück verlässt
Und wenn alle sich
Abwenden von dir -
Einer ist dir treu,
Einer wartet auf dich
Dein ganzes Leben -
Einer hat Zeit für dich
Einer nimmt dich in die Arme -
Heut oder in fünfzig Jahren -
Dein persönlicher Tod.

Und wenn er kommt
Ziehe deine Segel ein
Und fürchte dich nicht:
Nicht strafen will er dich
Sondern erlösen.
Der Tod macht frei.
Sanft wird er dir dein
Schlaflied summen,
Will er dich nehmen
In die Tiefen des Sees
Der unendlichen Liebe.

ERINNERUNG

Glänzend weht durch mein Erinnern
Alter Tage stilles Bild,
Sehe Blumen prächtig schimmern
Und uns wandeln im Gefild.

Röter uns die Rosen brannten,
Grüner spross das frische Gras
Als sich unsre Herzen fanden.
Lebenslang ich nichts vergaß.

Verdorrt die Rosen sind lange,
Schon lange das Gras gemäht,
Doch oft in geheimen Drange
Mein Erinnern dahin geht.

Ich nehme die alten Briefe
Und schaue Fotos mir an,
Mir ist als ob jemand riefe
Und klopft' an der Türe leis an.

ERNTE

Haltlos dahin rinnt die flüchtige Stunde
Gleich dem Lied das des Vogels Kehle entflieht,
Wie die Wolke die rasch am Himmel hinzieht,
Wie der Hauch des Atems aus warmen Munde.

Dem Tod anheimgegeben ist das Leben,
Das helle Lachen stirbt und wird zur Trauer,
Der Locken Gold erbleicht nach kurzer Dauer
Und alle Dinge nach dem Grabe streben.

Schenke mir, Gott, eine Gnade im Leben:
Lass mich vollenden das begonnene Werk,
Lass mich ernten die Reben in meinem Berg –
Dann will ich mich fügen und still ergeben.

FINDE DICH AB

Erkenne, dass du nicht wichtig bist für die Welt,
Finde dich ab, dass niemand deine leise Stimme hört,
Finde dich ab, dass niemand die Zeichen sieht
Die deine Hand einsam in die Luft schreibt.

Dein Weg ist wie der Weg eines Menschen,
Der am Fenster eines fahrenden Zuges sitzt
Und dem am Bahndamm Kinder mit
Blumensträußen in den Händen zuwinken:

Dein Gesicht haben sie schon vergessen
Ehe ihre Hände mit den Blumen sinken,
Aber über dein Herz weht eine ferne silberne Spur
Und du schickst deine Stimme ins Blau

Wie eine Lerche über den elektrischen Drähten.
Du schreitest deinen Lebensweg wie du musst,
Doch das Gras wächst über Nacht
Über den Abdruck deiner Schuhe.

Finde dich ab, dass du spurlos versinkst
Ins Dunkel, zu Staub wirst -
Im Staub des Weltalls.
Lerne die blutende Demut, finde dich ab.

GEDENKEN

Unter diesem schwarzen Stein
Ein einst so warmes Herze ruht,
Das im bunten Lebensspiel
Wie ein Fels stand in der Flut.

Wie der weiße Schnee vom Baum
Wenn die milde Sonne wärmt
Ist vergangen Lieb und Glück,
Auch was weh das Herz gehärmt.

Aller heißen Küsse Glut,
Rauer Schmerz musste entfliehen.
Abgewischt die Tränen sind,
Friede weht still drüber hin.

Des Baumes schneeschwere Äste
Nicken im Winde so lind,
Heiliger Friede Gottes
Rein über dem Steine spinnt.

GRAUE ARMEE

Eine Armee
Grau wie Novembernebel
Zieht unsichtbar ihre Straße:
Das ist die Schar
Der vergessenen Alten,
Die seit Jahren zwecklos wurden -

Unbesuchte alte Frauen,
Einsame alte Männer.
Wenn sie gehen, bemerkt
Niemand ihr Verschwinden,
Niemanden fehlen sie -
Der Moor hat seine Schuldigkeit getan.

**An eurer Vergesslichkeit
Sterben die Alten,
An eurer Vergesslichkeit
Stirbt die Liebe,
An eurer Vergesslichkeit
Stirbt die Geschichte.**

HANDEL

Nur noch den Sommer
Flehte mein Bruder,
Nur noch diesen einen Sommer.

Aber Gott ließ nicht mit sich handeln,
Gott ist kein demokratischer Politiker,
Das Volk hat kein Mitspracherecht.
Allein er entscheidet.

HERBERT

Fortgegangen
Wie die Gefährten des Odysseus
Heimlich unter dem Bauch des Widders
In der heiligsten der Nächte
Durch die engste der Türen.
Wer rief?
Wer zeigte den Fluchtweg?
Du Flüchtling, der du
Alles hinter dir ließest.
Aber das Kind breitete die Arme.

ICH BIN SO MÜDE

Ich bin so müde, singe keine Lieder mehr,
Grau rinnen meine Verse in den Sand.
Der Mond kaltbleich scheint und fremd
Streut er sein fahles Leuchten um mich her.
Statt Rosen liegt nun Schnee auf meinem Weg,
Wer hält mir in meiner Sterbestunde die Hand?

Ich weiß mein Totenkleid ist schon genäht,
Ein Engel hat es mahnend mir im Traum gezeigt.
Ich bin so müde, meine Träume werden fahl,
Bald bin ich dürrer Grashalm hingemäht.
Ich möchte kehrn zurück in meiner Mutter stillen Schoß
Und lange, lange schlafen nach des Daseins Qual.

KINDHEIT

Manchmal versinkt die Seele in den Traum,
Erinnern lockt in die Vergangenheit,
Und rosenblättrig wächst der Wunderbaum
Der Morgendämmerung, der Kinderzeit.

Und eine bittersüße Sehnsucht streift
Seltsam verwehtem Harfentone gleich,
Der windgeflügelt nach Erinnrung greift
An längst entschwundnes Kindertraumreich

Mit ährengelben Sommerfeldern
In denen abends Grillen geigten
Und regennassen Buchenwäldern,
Die wir Kinder lärmend durchstreiften

Mit Pappkartons zum Maikäferfangen
An hellen Jubelmorgen sonnenwarm
Und wir frohe Kinderlieder sangen,
Der Maiwald uns umfing mit grünem Arm.

Ja manchmal sinkt die Seele in den Traum,
Kehrt zum Brunnen ihrer Kindheit zurück,
Zu mohndurchglühten Weizenfeldes Saum
Mit Grillengezirpe und Kinderglück.

Ja manchmal …

LEBWOHL II

Lebwohl –
Ein Wort das wir nie
Lernen können.

Lebwohl –
Ein Wort, das
Oftmals schmerzt.

Lebwohl –
Das weheste Wort
Am Lebensende.

LOSLASSEN

In die Flammen meines Herdes
Werfe ich die alten Briefe,
Die gepressten Veilchen, Rosen
In seine rote Tiefe.

In die Asche niedersinkend
Leise knisternd Blatt um Blatt,
Und die Träume meiner Seele
Sterben müd und lebenssatt.

Die sie schrieben sind gegangen,
Kein Auge soll sie lesen.
In den Flammen bäumen sie sich
Auf wie beseelte Wesen.

Gelöst ist nun das letzte Band
Zu so mancher Leidensnacht,
Zu so vielen bittern Stunden,
Die mir soviel Weh gebracht.

MELANCHOLIE

Tief in mein Herz
Schlug der Adler
Seinen Schnabel
Rot tropfte mein Blut
In die silberne Mondschale
Goldene Ranken
Wuchsen hervor
Ihre Dornenfinger
Bohrten sich tief
In meine Stirne

NACHDENKLICH

Weltraumteleskop "Hubble" lieferte am 18.10.06
Fotos zweier kollidierender Galaxien zur Erde

Nichts währt ewig - auch nicht die Sterne,
Sie verrinnen wie alles ins tiefe Nichts.
Nicht unverrückbar für alle Zeit,
Nicht endlos ist das gewaltige All.
Wandelbar und vergänglich ist alles -
Auch ich.
Wie sollte ich bleiben im Buch des Lebens,
Wenn selbst die Sterne sterblich sind?
Das ist das Schwerste:
Zu bedenken,
Dass man wie ein Hauch im Nichts zerstiebt,
Alles endlich im Dunkel endet
Und die Seele in ihm
Wie ein Wind vergeht.

NACH HAUSE

Ins kleine Städtchen zieht es mich wieder,
In mein trautes Örtchen im Tal.
Auf meinen Lippen die alten Lieder,
Liebe Weisen von dazumal.

Mich grüßen die alten Pappeln am Weg,
Es glänzen die Türme im Licht.
So köstlich vertraut ist mir jeder Steg,
Ich ging sie oft im Traumgesicht.

In dir schwangen meines Glückes Glocken,
Hab meine Liebe begraben,
Und graue Asche in groben Flocken
Fiel vom Gefieder der Raben.

Ich fühl meine Daseinskräfte springen,
Die tiefsten Quellen des Strebens,
Ich hör mein Blut in den Adern singen -
Heimat, du Hort meines Lebens.

Wie drängt es mich, an deiner Brust zu ruhen
Nach der Unrast der großen Welt!
Mein Heimatstädtchen, ich begehre nun:
Breit über mich dein schlichtes Zelt.

REGENLIED

Schüchtern rinnt Regen herab,
Leise erzählt er von dir.
Sucht seinen Weg durch die Nacht,
Lindert die Traurigkeit mir.

Lind streichelt er mir das Haar,
Küsst mir den Tränenstrom ab
Sanft klingt er als sprächest du
Tröstend zu mir aus dem Grab.

Regen du silberne Flut,
Sacht raunst du an meinem Ohr
Dass ich bald wieder finde
Was so grausam ich verlor.

REQUIEM FÜR RAMONA

Eine helle Sternschnuppe fiel
Und erlosch.
Dein junges Leben warfst du
Von dir
In Todessehnsucht.

Trauer war deine Heimat,
Deine Reise der Schmerz.
Dein Herz eine
Duftende Kleeblüte,
Von rohem Fuß zertreten.

Er warf Steine
Auf dein flatterndes Herz,
Dass es aufschrie
Wie ein getroffener Vogel
Und wegflog vom Baume des Lebens.

REMEMBER ME

Alles Menschliche drängt nach Bestand,
Alles verzehrt sich nach Ewigkeit.
Jeder wünscht, dass sein Andenken lebt.
Mancher erreicht das durch Fruchtbarkeit,

Streut seinen Samen weit übers Land
Und lebt in vielen Kindern weiter,
Viele machen sich große Namen,
Steigen hoch auf der Ruhmesleiter.

Jeder will Spuren hinterlassen,
Und sei es für einen Wimpernschlag.
Denn uns Menschen macht melancholisch,
Das man uns balde vergessen mag.

Poeten dichten um nicht so bald
Im Sarg des Vergessens zu modern,
Kunstmaler leben fort in Bildern
Die in heißen Farben noch lodern

Wenn sie schon lang im Grabe ruhen.
Nonnen gestalten Bildteppiche
Die in hundert Jahren noch hängen
In dämmerdunkler Kirchennische.

Wissenschaftler wollen in Bücher,
Gespornt vom Drang nach Unsterblichkeit,
Musiker schaffen edle Werke,
Ihr Ruhm soll leuchten über die Zeit.

Mit dem Bauwerk dass er gestaltet
Turmhoch hinan stürmt der Architekt:
Für immer hängt daran sein Name
Und wird genannt mit großem Respekt.

Alles Menschliche drängt nach Dauer,
Doch wir wissen dass alles vergeht,
Alles lebt von Wechsel und Wandel,
Darin die goldene Flamme weht.

ROSENSCHÖNHEIT

Schön bist du meine Rose,
Aber nur heute.
Auch du kannst den Augenblick
Nicht halten.
Heute ist dein Tag –
Nur heute.
Auch du Allerschönste lebst nur,
Um die Stafette weiterzureichen.
Morgen lässt ein Windhauch
Dich entblättern,
Und alle deine stolze Schönheit
Fällt dahin, weht davon,
Endet einsam im Staube -

SPÄTE REUE

Draußen vor dem Fenster
Weint dunkel die Nacht.
Sie weint um dich und mich
Und um das Leid was wir uns angetan,
Das unabänderlich besiegelt ist,
Und seine bösen Kreise werden
Im Äther schwingen für alle Ewigkeit.

Draußen weint die Nacht
Um dich und mich…

STERBLICH

Alles zerbricht die Zeit:
Die drängende Knospe
Das sprießende Blatt
Die reife Frucht
Den alten Baum -
Alles zerbricht die Zeit,
Auch manchen Traum.
Alles will Sterblichkeit.

Alles zerbricht die Zeit –
Jedes Wort, jedes Lächeln
Jedes Band
Zerstört die Zeit,
Doch auch Erdenleid.

Was vorher zum Licht gedrängt
Fällt in Widerstreit,
Sinkt ins Dunkel hinab,
Sucht im Erdenschoß
Sein stilles Grab.
Alles zerbricht die Zeit…

VERBORGEN

In den Katakomben meiner Seele
Begrub ich die Lieben meines Lebens,
Verborgen den frevelnden Blicken
Der Gaffer. Nur ich besitze den Schlüssel
Zu dem heiligen Ort.
Wenn ich hinein tauchen werde in das
Stille Meer, um mich in seine Tiefen
Tragen zu lassen, nehme ich ihn mit mir
Als einzigen Schatz, so wie der Vogel
Das Reis im Schnabel davonträgt.

VERLUST

Für Hans

Mein Geist ist verdunkelt,
Mein Herz ist so schwer,
Kein Stern mir mehr funkelt,
Mein Leben ist leer.

Mein Bruder ging von mir,
Mein Bruder starb,
Bin alleine nun hier
Weil sein Leib verdarb.

O Bruderherz,
Du fehlst mir so sehr!
Groß ist mein Schmerz,
Mein Leben ist leer!

Die guten Eltern
Gingen schon lang.
Aus grünen Feldern
Tönt leiser Gesang.

Mein lieber Bruder
Du fehlst mir so sehr!
Du löstest das Ruder –
Dein Boot trieb fort
Ohne Wiederkehr!

WEGKREUZ

Das kleine Kreuz am Straßenrand,
Seit vielen Jahren steht es dort
Mit Herzblut in den Staub gebannt.
Es braucht die Trauer einen Ort.

Von schwarzem Trauerflor umweht,
Umkränzt von Blumenherrlichkeit
Mahnt es, dass alles stirbt, vergeht,
Erzählt von der Vergänglichkeit.

Das kleine Kreuz am Straßenrand
Erzählt von Liebe und von Leid,
Von Glauben den das Herze fand
Und Hoffnung auf die Ewigkeit.

WIND DER VERGANGENHEIT

Der Wind spielt in den Bäumen,
Sie wiegen hin und her.
Mein Herz beginnt zu träumen -
Es ist schon lange leer.

Mit ihren Blättern spielt er
Als wär' es menschlich Haar,
Mal zärtlich, manchmal rauer
Und bleibt stets unsichtbar.

Einst spielt mit meinen Haaren
Als wär es Laub es im Wind
Vor vielen, vielen Jahren
Ein wunderschönes Kind.

Es sagt dem Vater nicht Lebwohl,
Ganz heimlich ging es fort
Der Wind klagt in den Bäumen hohl,
Er flüstert leis das Wort

Auf das ich lange warte schon
In meiner Herzensqual
Von meinem fortgereisten Sohn
So vieler Jahre Zahl

Der Wind spielt in den Bäumen,
Er kennt mein stilles Leid.
Mein Herz beginnt zu träumen
Von liebvertrauter Zeit.

WITWE

Kahn der ein Ruder verlor
Dreht sich im Kreise
Ohne Orientierung.

Inhaltsverzeichnis

Glänzend weht durch mein Erinnern 243